LES
FRIPONNERIES
RELIGIEUSES

PAR

LÉO TAXIL

ALFRED PAULON

PRIX : 60 CENTIMES

COLPORTAGE AUTORISÉ
AINSI QUE LA VENTE SUR LA VOIE PUBLIQUE

Tout agent de l'autorité qui entraverait d'une ma-
nière quelconque la vente des fascicules de la Bibliothèque anticléricale, commettrait un acte d'illégalité
véritable abus de pouvoir, et devrait être immédiatement traduit en justice.

LIBRAIRIE NATIONALE
83, Rue des Écoles, 83
PARIS

BIBLIOTHÈQUE

ANTI-CLÉRICALE

LES
FRIPONNERIES
RELIGIEUSES

PAR

LÉO TAXIL

ET

ALFRED PAULON

Suivies de quelques Variétés anti-cléricales

FASCICULE SUPPLÉMENTAIRE Nº 1

PARIS
ET LES DÉPARTEMENTS
En vente partout

M DCCC LXXX

AVIS DE L'ÉDITEUR

Le succès toujours croissant de la *Bibliothèque anti-cléricale* nous a mis dans l'obligation de créer aujourd'hui des fascicules supplémentaires. De toutes parts on nous écrit : « Faites paraître un fascicule chaque mois. »

Pour répondre à ce désir, tout en restant dans notre programme primitif, nous avons imaginé la combinaison suivante :

La *Bibliothèque anti-cléricale* comporte, comme l'année dernière, quatre fascicules réguliers, se faisant suite les uns aux autres, c'est-à-dire destinés à former un volume complet, et paraissant à ces quatre dates : 30 mars, 30 juin, 30 septembre et 30 décembre. — En outre, aux autres fins de mois, paraissent des fascicules supplémentaires dont le présent inaugure la série.

Les uns et les autres (fascicules réguliers et fascicules supplémentaires) constituent, quant à leur numérotation, deux séries bien distinctes. Ainsi, les fascicules réguliers de 1880 (seconde année de la *Bibliothèque*) porteront les numéros d'ordre 5, 6, 7 et 8 ; et d'un autre côté, les fascicules supplémentaires, qui commencent aujourd'hui, seront numérotés à part. Le premier de ceux-ci est *Les Friponneries Religieuses* ; le fascicule supplémentaire n° 2, qui paraîtra le 30 avril, sera *Le Frère qui viole* (relation authentique des crimes du célèbre frère Ignorantin Léotade) ; le fascicule supplémentaire n° 3, qui paraîtra le 30 mai, sera consacré exclusivement à une critique très-vive des dogmes mêmes de la religion, sous le titre : *Les Bêtises sacrées*. Nous annoncerons les autres en temps et lieu.

De cette façon, les personnes qui désirent s'en tenir aux quatre fascicules formant à la fin de l'année un ouvrage complet, n'auront qu'à prendre seulement les fascicules trimestriels réguliers, et les personnes à qui ces quatre fascicules ne suffisent pas, seront satisfaites par la publication des huit fascicules supplémentaires, lesquels, joints aux quatre réguliers, donneront chaque année la valeur de trois beaux volumes.

Pour paraître du 30 mars au 8 avril, le premier fascicule régulier de 'année 1880 :

La Clique Noire

(cinquième fascicule régulier)

LES

FRIPONNERIES

RELIGIEUSES

Nous nous rappelons avoir vu, dans une ville du Centre, à la fin de la guerre de 1870-71, un franc-tireur qui se vantait d'avoir tué un officier prussien ; il montrait une plaque de ceinturon qu'il disait avoir enlevée à son ennemi en souvenir de son exploit.

On faisait cercle autour de lui quand il racontait sa lutte. C'était un grand diable d'homme au teint cuivré, au visage balafré ; il parlait avec une faconde impossible, avait une de ces paroles sèches qui n'admettent pas la réplique. Les badauds l'admiraient. Quand il avait fini son boniment, il se trouvait toujours dans la foule quelqu'un qui lui offrait un bock, afin de se faire renarrer en tête-à-tête l'épisode terrible du combat du franc-tireur. Le franc-tireur ne refusait jamais le bock ; puis, entre quatre yeux, il avouait aux bourgeois qu'il se trouvait dans une gêne dont on ne pouvait pas se faire une idée et qu'il faisait argent de tout.

— « Tenez, s'écriait-il en martelant sa phrase d'un coup de poing, vous voyez bien cette glorieuse dépouille de l'ennemi que j'ai vaincu : c'est pour moi la plus précieuse des reliques. — Et, en prononçant ces mots il versait une larme. — Eh bien ! dire que j'en suis réduit à chercher à vendre cet objet qui me rappelle une des rares victoires françaises au milieu de nos accablantes défaites, cet objet chéri que j'avais juré de ne jamais quitter ! »

A ces paroles, le bourgeois commandait un second bock et offrait au franc-tireur de lui acheter la plaque de ceinturon du capitaine prussien.

Il serait, disait-il, heureux d'obliger un des vaillants défenseurs de la patrie.

Au fond, le bourgeois se félicitait vivement de l'occasion qui se présentait à lui d'acquérir à bon marché un objet d'une rare valeur. Il voyait déjà la plaque de ceinturon, au milieu d'un trophée, figurer contre le mur de son salon, dans un cadre doré, avec ces mots explicatifs :

GUERRE DE 1870-71

—

Souvenir

D'UNE

VICTOIRE FRANÇAISE

—

PLAQUE DE CEINTURON ENLEVÉE
à un capitaine prussien
tué par un franc-tireur aux environs d'Orléans

Au moment de conclure la vente, le franc-tireur avait des regrets. Il préférait endurer la faim plutôt que de se séparer de la précieuse dépouille. Il priait le bourgeois de lui prêter seulement une vingtaine de francs pour quinze jours, et lui proposait de lui laisser en gage sa chère relique. Mais cela ne faisait pas l'affaire du bourgeois, qui avait convoité la possession complète de l'objet.

— « Mon principe, disait-il, est de ne jamais prêter ; c'est un moyen sûr de perdre ses amis ».

Et il offrait cinquante francs pour avoir la plaque de ceinturon. Le franc-tireur, affirmait-il en donnant sa parole d'honnête négociant n'ayant jamais laissé protester une traite, le franc-tireur pouvait être certain que sa relique aimée serait chez lui l'objet de la plus grande vénération ; elle occuperait la place d'honneur dans le plus beau de ses salons ; il la montrerait avec orgueil aux visiteurs ; il ferait graver sur un marbre, le nom du héros, — ici une poignée de main au franc-tireur — en commémoration de son triomphe.

Celui-ci se laissait convaincre, acceptait les cinquante francs et remettait en échange la plaque de ceinturon. Il s'en allait ensuite, avec des larmes dans les yeux.

Un beau jour, la police arrêta le franc-tireur. Il avait déjà négocié, paraît-il, plus de trois cents plaques de ceinturons, chacune ayant été enlevée à ce même officier prussien qu'il avait terrassé et occis dans un bois, à une faction d'avant-garde. On trouva, à l'hôtel garni qu'il habitait, une malle toute pleine d'autres plaques de ceinturon semblables. Il en avait inondé déjà différentes villes, et il se proposait de continuer dans les villes environnantes son placement aux bourgeois patriotes. C'était un commerce ou, pour mieux dire, c'était un truc. On le fit passer en correctionnelle ; là, il eut le désagrément de s'entendre dire toutes sortes de choses fort ennuyeuses : d'abord il n'avait jamais été franc-tireur, ensuite il était américain et s'était contenté pendant la guerre de négocier avec la France une vente de très-mauvais fusils. Il fut condamné, pour escroqueries, à un nombre respectable de mois de prison.

Cette odyssée du marchand de plaques de ceinturon, odyssée terminée sur les bancs de la correctionnelle, a une moralité.

Cette moralité la voici :

Nous connaissons en France des exploiteurs de

la crédulité publique aussi fourbes que le faux franc-tireur.

Ce que vendent ces exploiteurs, ce n'est pas des plaqués de ceinturon soi-disant enlevées à des capitaines prussiens ; ce sont d'autres reliques, des ossements attribués à des saints, des morceaux d'habits ayant censément appartenu à des personnages réputés bienheureux, des fragments de vraies fausses croix, etc.

Ces escrocs-là ne sont pas poursuivis, eux, et on les laisse tranquillement exercer leur industrie de fripons.

Nous pourrions citer des églises — à Paris — où chaque année il se fait une neuvaine aux prétendues reliques de telle sainte ou de tel saint. Les imbéciles viennent en foule faire toucher des chapelets, médailles, scapulaires, etc., aux reliques en question et paient fort cher cet attouchement. Il y a des neuvaines de ce genre qui rapportent plus de cent mille francs aux églises en possession de vieux os de mouton présentés aux fidèles comme reliques de saints martyrs.

Eh bien ! n'est-ce pas là un scandale qu'il importe de faire cesser ? Tout au moins, si le gouvernement ne veut pas jeter aux égouts toutes ces fausses reliques dont des fripons ensoutanés se servent pour arracher l'argent des gogos, tout au moins, disons-nous, n'est-il pas bon de démasquer ces escroqueries, d'édifier les naïfs, de leur faire toucher du doigt l'erreur grossière dans laquelle on les induit et au moyen de laquelle on soutire leurs écus ? n'est-il pas utile en même temps de signaler à l'indignation des honnêtes gens ces procédés honteux employés par la prêtraille, toujours avide et toujours ingénieuse quand il s'agit de satisfaire son avidité ?

Pour obtenir ce résultat, nous avons dressé la nomenclature de toutes les principales reliques que les charlatans cléricaux soumettent, moyennant finances, à la vénération des fidèles crédules.

On verra par là qu'il y a des saints dont la friponnerie religieuse montre plusieurs corps en différents endroits ; on verra des bienheureux qui ont jusqu'à dix-huit à vingt têtes réparties en tout autant d'églises.

On ne pourra donc pas nier l'escroquerie ; on ne pourra donc pas soutenir que les cléricaux sont autre chose que d'infâmes farceurs, recourant aux moyens les plus malhonnêtes pour remplir leur caisse, gouffre insatiable, vrai tonneau des Danaïdes.

Nous désignerons les endroits où se trouvent toutes ces fausses reliques, nous prendrons ces maîtres fripons la main dans le sac.

Et la conclusion du lecteur, une fois toutes ces tromperies dévoilées, sera que :

1° La cléricaille est bien la plus vile des classes de la société, puisqu'elle a recours à de semblables expédients ;

2° Le devoir d'un gouvernement énergiquement républicain serait de mettre à la porte de la France tous ces ignobles exploiteurs.

NOMENCLATURE GÉNÉRALE
Des Reliques prétendues vraies par les Charlatans cléricaux

A

Aaron. — La verge célèbre avec laquelle il a fait jaillir de l'eau d'un rocher se trouve à l'église de St-Jean-de-Latran, à Rome. — La cathédrale de Florence, la Sainte-Chapelle de Paris, la cathédrale de Bordeaux et l'église de San-Salvador, en Espagne, prétendent aussi la posséder.

Abdon et Sennen. — Martyrs du troisième siècle. Leurs corps sont à la fois à Rome, à Florence, à

Saint-Médard de Soissons et dans une chapelle d'Arles-sur-Tech (Pyrénées-Orientales). Soit, 8 corps pour eux deux.

Abel. — On montre son tombeau à seize milles de Damas, en Palestine. Il mesure près de vingt mètres de long.

Abraham. — Quelques os à l'église de Ste-Marie-sur-Minerve, à Rome. La table de marbre du sacrifice d'Isaac est à l'église St-Jacques-Scossa-Cavalli, à Rome.

Achillée et Nérée. — Saints dont on célèbre la fête le 12 mai. Ils étaient eunuques. Ils ont laissé cinq têtes chacun. La première paire est à Rome, dans l'église de leur nom ; la seconde, à Garra en Espagne ; la troisième, dans une église d'Osma ; la quatrième, à Ariano, dans le royaume de Naples, et la cinquième, à Atino, dans la Terre-de-Labour (Italie). — Rome et Garra possèdent 4 corps de ces 2 saints. — D'autres reliques sont à Venise, Boulogne et Douai.

Acisele. — Martyr espagnol. Un corps à Cordoue ; un corps à Toulouse.

Adalbert. — Saint évêque du dixième siècle. Un corps à Varsovie, en Pologne ; un corps, à Prague, en Bohême.

Adam. — Sa tête est enfouie, dit-on, au fond d'un trou au-dessous du Calvaire, à Jérusalem ; une chapelle a été bâtie en cet honneur.

On montre, au Pic d'Adam (île Ceylan), une pierre sur laquelle se trouve l'empreinte du pied d'Adam ; cette empreinte, très-bien gravée, mesure plus d'un mètre de long.

Adrien. — Martyr qui a été brûlé vif. Néanmoins, son corps se trouve : 1° à Rome ; 2° à Gand ; 3° à Marseille.

Affre. — Courtisane d'Augsbourg, martyrisée au 4° siècle. Son corps est à Augsbourg. Un orteil d'un de ses pieds est à Cologne.

Agathe. — Vierge et martyre de Catane. Le corps tout entier est conservé à Catane. — Néanmoins, Palerme possède un bras de la sainte ; Douai, un autre bras. Les deux mamelles sont à la fois à Catane et à Rome, dans l'église de Saint-Étienne-le-Rond. Autre mamelle à Paris, église de Saint-Merri ; idem, à Siponto ; idem, à Capoue.

Agnès — Corps entiers : 1° à Rome ; 2° à Manreza, en Catalogne ; 3° à Utrecht.

Quatrième tête à Rouen.

Divers ossements à Anvers, Bruxelles et Cologne.

Agnès de Monte-Pulciano. — Son corps est à Gênes, ainsi qu'une bouteille de sa sueur.

Alban — Trois corps : au monastère de Saint-Albans (Angleterre), à Rome et à Cologne.

Albert. — Évêque de Prague. — Deux corps, l'un en Pologne, l'autre à Rome.

Aldegonde. — Patronne de la ville de Maubeuge. — Plusieurs églises possèdent le voile que le Saint-Esprit lui mit sur sa tête avec son bec le jour où elle fit vœu de virginité.

Alexis — Il a été reconnu que ce saint n'avait jamais existé. Néanmoins, son corps est à Rome, dans l'église qui a été placée sous son invocation.

Alphonse. — On montre à Oviedo, dans les Asturies (Espagne), une chasuble que la Sainte-Vierge a apportée du ciel à ce saint évêque.

Amable. — On garde à Riom une dent de ce saint ; elle guérit, dit-on, les morsures de vipères.

Amant. — Évêque de Rodez. — Deux têtes ; une à Rodez et l'autre à l'église Saint-Pierre de Rome.

Ambroise de Sienne — On conserve à Sienne, au monastère de Saint-Ambroise, du sang de ce bienheureux mêlé à des ordures. Cette mixture a la spécialité de guérir les hémorrhoïdes.

Anastase. — Martyr de Perse. — Trois têtes : 1° à Constantinople ; 2° à Rome ; 3° à Aix-la-Chapelle.

André. — L'un des douze apôtres. — Corps entiers : 1° à Constantinople ; 2° à Amalfi (Italie) ; 3° à Toulouse ; 4° en Russie ; 5° au monastère d'Arakil-Vauc, en Arménie. — Sixième tête à Saint-Pierre de Rome ; onzième bras, à Reims ; douzième bras, à Avranches ; treizième bras, à l'abbaye de la Chaise-Dieu, en Auvergne ; quatorzième bras, à Vergy, en Bourgogne ; quinzième bras, à Notre-Dame de Paris ; seizième bras, à l'hôpital du Saint-Esprit, à Rome ; dix-septième bras, à l'église de Saint-Sébastien, à Rome. — A Aix en Provence et dans beaucoup d'autres villes, on montre des genoux, des pieds, des épaules, des côtes, des doigts, etc., de ce saint. — Son peigne est à Notre-Dame de l'Ile-sur-Lyon. — A Arnolfi, on vend des flacons contenant une huile qui suinte des pieds du précieux corps.

Animaux. — A Vérone (Italie), l'église de Notre-Dame des Orgues possède le cadavre de l'âne qui a servi à Jésus-Christ lors de son entrée à Jérusalem. La queue de ce même âne est à Gênes. — Le trésor de Saint-Jean de Latran, à Rome, conserve de même la queue de l'âne de Balaam. — A Constance, on garde une araignée qui tomba dans le calice de saint Conrad, pendant qu'il disait la messe. — Au monastère de Corbie, en Westphalie, c'est la peau d'un chien qui suivait la messe et faisait maigre volontairement tous les vendredis. — A l'abbaye du Mont-Saint-Michel, une épée et un bouclier dont l'archange Michel s'est servi, disent les religieux, pour tuer un dragon. — A Rome, église de Sainte-Marie-Libératrice, les écailles d'un dragon terrassé par saint Sylvestre. — En Angleterre, plusieurs églises possèdent la bride du mulet de saint Thomas de Cantorbéry. — A Ravenne, dans l'église des Théatins, on fait vénérer spécialement une fenêtre par laquelle le Saint-Esprit est entré sous la forme du pigeon traditionnel. — A Rome et à San-Salvador (Espagne), sont des restes d'un poisson que saint Pierre a donné à manger au Christ après la résurrection. — A

Quimper, une fontaine dans laquelle saint Corentin pêchait chaque jour un poisson pour sa nourriture ; il en mangeait une moitié, remettait l'autre moitié dans la fontaine, et le poisson était toujours entier. — A Lodève, relique d'une souris qui avait mangé des hosties consacrées.

Anne. — Mère de la Sainte-Vierge. Deux corps entiers et huit têtes. Premier corps, à Apt (Vaucluse); second corps, à Notre-Dame de l'Ile-sur-Lyon ; troisième tête, à Trèves; quatrième tête, à Duren, diocèse de Cologne ; cinquième tête à Sainte-Anne en Thuringe; sixième tête, à Bologne en Italie; septième tête, à l'abbaye d'Orcamp, près de Noyon ; huitième tête, à Chartres. — Cinquième bras, à Rome, dans l'église Saint-Paul, au chemin d'Ostie ; sixième bras, à Nuremberg. — Divers ossements à Rouen, Cologne, Annaberg (Haute-Saxe), etc.

La maison de Sainte-Anne se montre encore à Jérusalem, après dix-neuf cents ans !

Ansbert. — Archevêque de Rouen. Deux corps: l'un à Gand, l'autre à Abbeville.

Antoine. — Celui du cochon. Cinq corps entiers: 1° à Constantinople ; 2° à Arles-sur-Rhône ; 3° à Vienne ; 4° à Norogorod en Russie ; 5° aux pénitents-gris de Saint-Antoine, banlieue de Marseille. — Genoux, à Bourg, à Mâcon, à Dijon, à Chalon-sur-Saône, à Albi (monastère des Augustins), à Ouroux (Saône-et-Loire). — Autres reliques, à Besançon, à Rome, à Paris, à Genève (un bras), etc.

Antoine de Padoue. — Un corps entier à Padoue. Troisième bras, à Lisbonne ; quatrième bras, à Venise.

Apolline. — Son corps a été réduit en cendres par les persécuteurs. Néanmoins douze églises de Rome possèdent de ses reliques; il y en, a en outre, à Paris, à Naples et à Madrid. — Le pape Pie VI ayant ordonné de réunir toutes les dents que l'on donnait à vénérer dans différentes églises d'Italie, on en recueillit trois litres. En France, il y a plus de cinq cents dents de sainte Apolline.

Apollone. — Martyr du deuxième siècle. Bologne affirme posséder son corps et sa tête ; les carmes d'Evora en Pologne ont une seconde tête de ce saint ; Rome et Anvers montrent beaucoup de ses reliques.

Apôtres. — A Notre-Dame de l'Ile-sur-Lyon on montre les douze peignes des douze apôtres.

Arbres. — Sur le mont Luco en Italie se trouve un amandier planté par saint François d'Assise, qui pousse des feuilles portant des croix bien formées. — Le buisson sur lequel saint François se roula est conservé près du jardin des Franciscains, à Gaëte. — Un coignassier planté par ce même saint donne des fruits portant les cinq plaies du Sauveur et se trouve chez les Franciscains de Rome. — Les dominicains de Fondi conservent un oranger jadis planté par saint Thomas d'Aquin. — Autre oranger, de saint Dominique, celui-là, à Sainte-Sabine de Rome. — Le figuier maudit par Jésus-Christ a été également conservé en Terre-Sainte, ainsi que les oliviers qui ont vu la trahison de Judas : les noyaux des olives prises sur ces arbres préservent des maladies. — On montre encore en Terre-Sainte, le térébinthe sous lequel la Vierge se reposa en allant se purifier à Jérusalem ; un arbre qui s'abaissa pour lui faire de l'ombre sur la route du Grand-Caire ; le sycomore sur lequel monta Zachée pour voir J.-C. ; des cèdres du Liban plantés par Dieu au commencement du monde ; le buisson ardent de Moïse ; le chêne de Membrée sous lequel Abraham reçut la visite des trois anges lors de la destruction de Sodome. — Enfin, on a conservé des pommes de Sodome.

Arche d'alliance. — Enterrée jadis sous le Mont Nébo, par ordre de Jérémie, l'arche d'alliance se trouve néanmoins à Rome, dans l'église de Saint-Jean-de-Latran.

Arche de Noé. — Restée sur le mont Ararat après le déluge, cette arche y est encore, et des religieux vendent de petites croix fabriquées avec le bois de cette relique.

Athanase. --- Evêque d'Escandrie, ami de saint Antoine. Son corps, surmonté d'une tête de carton, pour soutenir sa mître, se trouve à Venise ; sa véritable tête est à Sérigny en Touraine; une autre, non moins véritable et toujours fraîche, est à Valvanera en Espagne. Rome possède une image miraculeuse de la tête de Venise qui guérit les malades.

Augustin.--Célèbre évêque d'Hippone ; son corps est à Pavie, et son cœur, arraché par un saint à un ange qui l'emportait, se trouve chez les Augustins d'Allemagne.

Avit. — Abbé de Chateaudun au sixième siècle. Orléans possède son corps tout entier ; mais néanmoins Chateaudun a quelques-uns des petits os.

B.

Babylas. — Evêque d'Antioche, martyrisé le 24 janvier de l'an 250, a laissé un corps à cette ville et un deuxième à Crémone en Italie.

Bacchus ou Bache. — Soldat-martyr du troisième siècle. Quatre corps entiers : 1° en Syrie ; 2° en Egypte ; 3° en Phénicie ; 4° à Constantinople. Rome, Tours, Angers, l'église Saint-Benoît de Paris et celle de Chartres ont en outre beaucoup des ossements de ce saint.

Bambino. — Petit Jésus en bois grandement honoré à Rome, dans l'église Sainte-Marie d'*Ara Cœli* ; servi par deux moines, il ne sort qu'en carrosse pour aller guérir les malades en ville. Il a été plusieurs fois volé, mais il est toujours revenu seul dans son église.

Barbat. — Evêque de Bénévent dont le corps fut découvert 430 ans après sa mort, en 1124. Son corps est adoré à Bénévent ; second corps au monastère du Mont-Vierge dans le royaume de Naples.

Barbe. — Martyre, patronne des artilleurs, des chasseurs et des marins. Trois corps entiers : 1° en Egypte ; 2° à Venise ; 3° à Plaisance ; Rome possède une quatrième tête, et plusieurs églises montrent du lait qui coula de son cou quand on lui coupa la tête.

Barnabé. — Apôtre lapidé à Salamine ; un corps à Salamine, un deuxième à Milan, un troisième à Toulouse. Une douzaine de ses têtes sont disséminées un peu partout en France et en Italie, notamment une tête énorme qui est à Gênes.

Barthélemy. — Autre apôtre écorché vif par Astyage, roi d'Arménie. — Un corps était d'abord en Mésopotamie, à Dara et un dans l'île de Lipari près de la Sicile. — Ces reliques ayant été brûlées, un moine les retrouva néanmoins, et les porta à Bénévent. Elles sont aussi à Rome, dans l'église Saint-Barthélemy.

En outre de ses deux corps très-complets on a de lui : un cinquième bras à la cathédrale de Cantorbéry ; un sixième à Béthune, en Artois ; un septième à Marseille ; une huitième main à Pise ; un doigt à Saint-Denis ; un autre à Fréjus, etc. — Sa peau se trouve à Pise et guérit les maladies sous-cutanées ; son membre viril est à Trèves, et il y en a un second à Augsbourg ; celui-ci, d'une taille extraordinaire, a, paraît-il, la propriété de guérir les femmes de la stérilité ; enfin une dent de lui se trouve aux environs d'Aix-la-Chapelle.

Basile. — Trois corps entiers : 1° au monastère du Pont ; 2° à Tournus en Bourgogne ; 3° à Bruges, dans les Pays-Bas. Une quatrième tête est à Rome, ainsi qu'un bras et une côte du même bienheureux.

Bâton du Diable. — Les moines de Tolentino conservent un bâton avec lequel le diable frappa saint Nicolas de Tolentin sur les épaules.

Baudille. — Martyrisé à Nimes, vers le quatrième siècle : deux corps à Orléans et à Oviedo (Espagne),

troisième tête, à Paris, dans l'église Sainte-Geneviève.

Bavon. — Patron de la ville de Gand, qui possède
son corps, quoiqu'il ait été brûlé en 831.

Benoît. — Abbé du Mont-Cassin, patriarche des
Bénédictins. A laissé de lui deux corps entiers : 1° à
l'abbaye de Benoît-sur-Loire près d'Orléans, et 2° chez
les Moines du Mont-Cassin. En outre Saint-Denis possède une tête et un bras de saint Benoît ; quelques-
uns de ses ossements sont à la Trappe, en Allemagne, dans les Pays-Bas, en France et en Italie.

Benoîte. — Deux corps : 1° l'un à Laon ; 2°
l'abbaye de Saint-Martin-aux-Bois en a un second.
— Saint-Germain-l'Auxerrois de Paris, l'église du
Temple, etc., possèdent également divers morceaux de sainte Benoîte.

Berthe. — Son corps, deux fois détruit par les
Normands, se trouve tout de même en double : 1° à
Blangy, et 2° dans l'église d'Alziac au-dessus de Stras-
bourg. — L'abbaye d'Erstein et quelques pieuses
maisons ont des parties de son corps ; une mâchoire
se trouve en outre à St-Omer.

Bertoul. — Abbé de Renty en Artois. — Deux
corps deux fois détruits et retrouvés deux fois par
les deux clergés de Saint-Bavon et de Saint-Pierre, à
Gand.

Beuvon. — Saint provençal, dont le corps est à
la fois à Voghera, son pays, et à Pavie.

Bibiane — Martyre et vierge au quatrième siècle.
— Son corps est à Rome dans une chapelle bâtie tout
exprès, et une seconde tête est également à Rome,
dans l'église Ste-Marie-Majeure.

Birin. — Premier évêque de Dorcester, en Angleterre, au 7me siècle — On a de lui deux corps, à
Dorcester et à Westminster.

Blaise. — Évêque de Sébaste et martyr. Voici
la liste très-écourtée de ses principales reliques : 1°

un corps à Maratée, près Naples ; 2° deuxième corps à Saint-Marcel de Rome ; 3° des parties considérables de son corps dans six autres églises de Rome ; 4° d'autres parties à Brindes, à Raguse, à Volterre, à Anvers, à Malines, à Lisbonne, à Palerme, à Mende, à Melun, dans les églises Saint-Sauveur et St-Jean-de-Grève, à Paris, à Luxembourg, à Maubeuge, à Cambrai, dans le Hainaut, l'Artois, la Flandre, Tournai, Gand, Bruges, Utrecht, Cologne, etc., etc. ; 5° un corps complet à Sébaste en Arménie ; 6° une 4ᵉ tête à Naples, une 5ᵉ à Saint-Maximin en Provence, une 6ᵉ à Montpellier, une 7ᵉ à Orbitello; 7° huit bras détachés, à Rome, dans l'église des Saints-Apôtres, à Milan, à Capoue, à Notre-Dame de Paris, à Compostelle, à Dilighemen (Brabant), à Basse-Fontaine et à Marseille.

Bon. — Évêque de Clermont au septième siècle ; un corps entier à Clermont ; des morceaux à St-Germain l'Auxerrois et à Saint-Bon de Paris; à Clermont une cuvettée d'eau dans laquelle il s'était lavé les mains, enfin, une robe à lui offerte par la Sainte-Vierge.

Bonaventure. — Général de l'ordre de St-François. Ses reliques, en poudre, sont à Lyon avec une tête complète et toute fraîche ; Fontainebleau possède aussi une mâchoire de ce saint.

Boniface. — Martyr ; un corps à Rome ; un deuxième à Bénévent; un troisième à Volterre; un quatrième à Prague.

Boniface. — Évêque de Mayence. Trois têtes à Fulde, à Dokum et à Mayence.

Brigitte de Kildar. — Irlandaise dont on n'a que trois têtes : une à Cologne, une à Neustad en Autriche et une en Irlande.

Bruno. — Fondateur de l'ordre des chartreux. En réunissant les diverses parties de son corps, dispersées dans plus de quatre cents églises, on pourrait lui confectionner une douzaine de corps entiers.

C

Calixte. — Pape et martyr du troisième siècle. Trois têtes, à Reims, à Sainte-Marie *in-Translevere* de Rome et à Saint-Sébastien de Rome.

Canif. — L'église Saint-Jean-en-Grève obtint comme présent un canif avec lequel un Juif avait troué une hostie qui avait saigné.

Cant et Compagnie. — Saint Cant, Cantien, Cantienne et Prote ont laissé *vingt-huit* corps. Ces corps vont par quatre, à Aquilée, à Milan, à Vérone, à Bergame, à Rome, à Hildesheim et à Étampes.

Casimir, roi de Hongrie. — Y a laissé son corps, sans compter les morceaux conservés à Saint-Germain-l'Auxerrois de Paris, ni ses caleçons recueillis par diverses églises de Pologne.

Cassi et Victorin. — Martyrisés en même temps que 6,266 chrétiens; six corps : deux à Clermont, deux à Saint-Martin-de-Massai en Berry et deux à Chantengeol.

Cassien. — Célèbre martyr exécuté sous Dèce. Un corps à Imola (Italie), et un autre corps à Toulouse.

Cassien. — Evêque d'Autun, au quatrième siècle. Deux corps : à Bonn sur le Rhin, et à St-Quentin.

Catherine. — Vierge et martyre d'Alexandrie. — Son corps fut emporté par les anges sur le mont Sinaï, où il est encore; deuxième tête à Rome; troisième mâchoire à Vintimille; troisième pied à Boulogne, et des cheveux à Assise. — Les os de sainte Catherine suent de l'huile que les religieux du mont Sinaï vendent au détail; — la roue qui servit à son supplice est à Bourges.

Catherine de Sienne. — Vierge de Toscane. Un corps entier à Sainte-Marie-sur-Minerve de Rome; une deuxième tête et un doigt à Sienne; une côte à Cologne; une main chez les dominicains de Saint-

Sixte de Rome ; un pied chez les dominicains de Venise ; le cœur à Sainte-Marie-sur-Minerve, et une
image miraculeuse à Sienne, ainsi que la chambre à
coucher dans laquelle Jésus avait épousé dans toutes les formes sainte Catherine de Sienne.

Cécile. — Un corps à Rome, dans l'église Sainte-
Cécile ; un autre en Allemagne.

Célestin. — Un corps à Rome ; un deuxième à
Tournay et un troisième à Mantoue.

Celse. — Disciple de saint Pierre. Deux corps entiers à Saint-Paul de Rome et à Sainte-Procule de
Pouzzol.

Chandelle d'Arras. — Donnée par la Vierge à
l'évêque d'Arras ; la sainte chandelle se trouve dans
une chapelle de la ville, bâtie exprès pour elle.

Charles-Borromée. — Les os de ce saint célèbre sont tous à Milan ; le Val-de-Grâce de Paris
possède une de ses chemises ; sa culotte est aux
Théatins ; sa chasuble aux Bons-Enfants de la rue
Saint-Victor ; son étole à Saint-Jacques, etc.

Charlemagne. — Un corps entier est à Aix-la-
Chapelle ; deuxième tête à Osma ; une épée qui lui
fut apportée par un ange est à Nuremberg ; Osnabruck possède aussi son peigne.

Chaumond. — Evêque de Lyon. Il a laissé deux
corps, tous deux à Lyon ; le premier chez les religieuses de Saint-Pierre ; le second chez les chanoi-
nes de Saint-Dizier.

Christophe. — Saint géant dont un corps entier
est à Valence ; Compostelle possède en outre un de
ses bras ; Astorga une mâchoire ; Saint-Pierre de
Rome une épaule ; Venise a une côte et une dent de
lui ; Munich montre une vertèbre de Christophe ; elle
est grosse comme celle d'un éléphant ; Beauvais a
une autre dent, et plusieurs églises possèdent ses
ongles.

Clair. — Saint très-inconnu dont le corps est à

Saint-Clair-sur-Epte, en Normandie, et un œil à Saint-Victor de Paris.

Claire. — Fondatrice d'un ordre de religieuses franciscaines. Deux corps entiers : à Sainte-Claire d'Assise et à Sainte-Claire de Montefalco.

Clément, pape. — Premier corps à Saint-Clément de Rome ; deuxième à Paschira près de Vérone ; troisième tête à Kiow en Ukraine ; quatrième à Constantinople ; cinquième à l'abbaye de Cluny ; sixième à Pont-Saint-Maxence.

Clotilde. — Femme de Clovis ; un corps à Sainte-Geneviève de Paris ; deuxième tête dans l'abbaye du Trésor de Rouen ; troisième tête au monastère de Valseri.

Clous de la croix. — Ces clous, qui devaient être de trois à quatre tout au plus, sont : 1° un dans la mer où Sainte-Hélène le jeta pour apaiser les flots ; 2° un deuxième au diadème de Constantin ; 3° un troisième au mors de bride du cheval de Constantin ; 4° deux autres clous à la bride même ; 5° un clou à la couronne de fer qui est à Milan ; 6° un clou à la voûte de la cathédrale de Milan ; 7° un clou à Saint-Denis ; 8° le saint clou de Nuremberg ; 9° un clou à Rome, dans l'église de la Sainte-Croix ; 10° un autre à Sainte-Marie in Campitelli de Rome ; 11° un autre encore à Rome, dans l'église Sainte-Hélène ; 12° un à Saint-Germain-des-Prés-de-Paris ; 13° un chez les Carmes de Paris ; 14° un dans la Sainte-Chapelle ; 15° un à Carpentras ; 16° un clou à moitié changé en or par un saint, à Florence ; 17° deux vrais clous à Naples ; 18° un à Assise ; 19° un à Ancône ; 20° un à Sienne ; 21° un à Venise ; 22° un à Cologne ; 23° un à Trèves ; 24° un à l'abbaye de la Tenaille en Saintonge ; 25° un à Bourges ; 26° un à Draguignan. — Cela fait vingt-huit vrais clous, sans compter de la limaille provenant de clous de la croix.

Colomb. — Apôtre d'Ecosse au sixième siècle ; quatre corps : à Hy, à Donne, à Glassembury et à Sens.

Colomban. — Abbé irlandais du septième siècle; un corps à l'abbaye de Babbio en Milanais, et un à Lockmé en Bretagne.

Colombe. — Vierge et martyre du troisième siècle. Deux corps : 1° à Sens ; 2° à Rimini, en Italie.

Colonnes. — Une colonne du temple de Salomon à Gaëte ; — une autre sur laquelle Jésus s'appuyait pour prêcher, est à Saint-Pierre de Rome ; — la colonne sur laquelle le Christ fut lié lors de sa flagellation est à Saint-Jean de Praxède de Rome ; — les deux colonnes contre lesquelles saint Pierre et saint Paul furent adossés sont à Sainte-Marie-Transpontine ; — celle sur laquelle le coq chanta lors du reniement de Jésus par saint Pierre ; — quatre colonnes du château de Nuremberg ont été faites par le diable qui en a été défié par un moine. — Prague possède aussi des morceaux d'une colonne apportée par le diable pour assommer un autre moine, et qui fut arrêté par saint Pierre.

Conogan. — Patron de Beuzit, près Landernau, a laissé une auge de pierre sur laquelle il traversa l'Océan.

Conrad de Plaisance. — Ce saint a laissé une tête à Notto en Sicile et une autre dans la Pouille, à Molfetta.

Corentin. — Evêque de Quimper. Trois corps, à Marmoutier, à Montreuil-sur-Mer et à l'abbaye de Saint-Corentin, en Bretagne.

Cosme et Damien. — Frères médecins et martyrs. — Leurs corps étaient à Luzarches ; une deuxième paire est à Rome dans une église à eux ; enfin deux têtes détachées, à Saint-Marcel-de-Rome.

Couronne d'épines. — Elle est à Notre-Dame-de-Paris ; néanmoins cinq églises romaines (Saint-Eustache, Saint-Maur, Sainte-Sabine, le couvent des Chartreux et l'église Sainte-Croix) en possèdent de notables morceaux ; — le crucifix de Lucques contient treize épines provenant de la couronne de Jésus;

Padoue a trois épines ; Tarascon en a quatre ; cinq sont à Nuremberg et trois à Aix en Provence. — Sienne, Venise, Assise, Saint-Denis, Avignon, Bologne, Bourges, Besançon, le Mont-Royal, San-Salvador, Saint-Jacques-de-Galice, Albi, Toulouse, Mâcon, Chartres, Naples, la Chartreuse de Mont-Dieu en Champagne, Arles, Bourbon-l'Archambault, la cathédrale d'Aoste, Charoux, Cléry, Saint-Martin de Noyon, Saint-Maximin en Provence, Saint-Flour et plus de huit cents autres églises possèdent également qui une épine, qui une branche, qui un morceau. En tout, de quoi faire plus de cinquante couronnes dans le genre de celle de la Passion.

Crépin et Crépinien. — Ont laissé chacun trois corps : 1° à Saint-Laurent-de-Rome ; 2° à Lézat ; 3° à Notre-Dame-de-Soissons.

Croix de Jésus. — Il nous est impossible d'énumérer tous les endroits qui en ont des morceaux. On compte qu'il y en a dans plus de trente mille couvents en plus des églises qui toutes sont tenues d'en posséder au moins un fragment dans chaque autel consacré. — Le titre que Pilate fit placer au haut de la croix de Jésus se trouve à la fois à Rome, dans l'église Sainte-Croix, et à Toulouse, dans l'église N.-D.-la-Daurade. — Les morceaux de la vraie croix les plus célèbres sont ceux : de Notre-Dame-de-Paris, de l'abbaye Saint-Victor, de Saint-Germain des Prés, de Saint-Pierre-de-Rome, de Saint-Jean-de-Latran, de Saint-Marcel-de-Rome, de Saint-Etienne, de N.-D.-d'Avignon, de Saint-Marc-de-Venise, de N.-D.-d'Argensole en Champagne, de Nuremberg, d'Ancône, de Naples, de Saint-Michel, etc. — Pour terminer, ajoutons que Jérusalem affirme posséder encore aujourd'hui la vraie croix tout entière.

Croix du bon Larron. — La croix de ce saint voleur est dans l'église Sainte-Croix-de-Rome ; trois ou quatre cents églises ou couvents en possèdent néanmoins des morceaux importants.

Croix de Saint-André. — Elle est *entière* :

1° à Marseille, dans l'église Saint-Victor ; 2° en Russie ; 3° à Rome dans la chapelle du pape ; Sainte-Sabine, Saint-Eustache, Saint-Mathieu de Rome en possèdent des gros morceaux, ainsi que l'Italie, la Russie, et l'Espagne.

Crucifix. — Les principaux sont : le *crucifix de Saint-Aguello de Naples*, qui parla en public, et devint pâle à la suite d'un coup de pierre qu'il reçut dans la figure ; — le *crucifix des apôtres*, placé par les apôtres dans la chambre de la Vierge, et qui est maintenant à Notre-Dame-de-Lorette de Rome ; — le *crucifix des bénédictins de Naples*, avec lequel Pio V causa deux fois ; — le *crucifix des béguines de Gand*, qui causa également ; — le *crucifix des filles de Gênes*, qui témoigna en justice à propos de serments d'amour entendus par lui ; — le *crucifix de Sainte-Marie-des-Carmes*, qui baissa la tête devant un boulet de canon ; — le *crucifix de Lucques*, sculpté quant au corps par Nicodème, et par un ange quant à la tête, un des plus miraculeux crucifix connus ; — le *crucifix de Cîteaux*, dont le bras dégagea une «lumière grosse comme une étoile et bien plus brillante» ; — le *crucifix de sainte Ermengarde*, qui chargea cette sainte d'aller souhaiter le bonjour à un crucifix de Cologne ; — le *crucifix de saint François d'Assise*, peinture qui parla trois fois à ce saint ; — le *crucifix de saint François Xavier*, qui, tombé dans la mer, fut rapporté par un gros crabe ; — le *crucifix de Saint-Georges de Cologne*, qui frappa durement le sonneur de l'église coupable de nombreux vols de cierges ; — le *crucifix de Saint-Goar*, qui, ayant reçu une flèche dans le bras droit, saigna abondamment ; — le *crucifix de saint Grégoire de Tours*, qui éteignit un incendie ; — deux crucifix frappés par des Juifs, dont les blessures saignèrent, sont à Jérusalem et à Bérith, en Syrie ; — le *crucifix de sainte Brigitte de Suède*, qui parla à cette sainte, se trouve à Rome dans l'église Saint-Paul ; — notons encore le *crucifix de Burgos*, apporté jadis par un ange ; — le *crucifix de Campen*, qui cogna (et tua

un moine endormi dans une église, pour le réveiller ;
— le *crucifix des Carmes de Florence*, avec lequel
s'entretint l'évêque de Fiésole ; — le *crucifix de sainte
Catherine de Sienne*, qui lui stigmatisa le cœur ; —
le *crucifix de Laar*, près Tunis, qui se sauva seul lors
de l'écroulement d'une tour ; — le *crucifix de Saint-
Denis*, qui parla jadis ; — le *crucifix de Willisau*, qui
se vengea d'un sacrilège en le faisant enlever par une
troupe de diables ; — le *crucifix de Trente*, qui
baissait la tête pour approuver les décisions du fameux concile dont il était le président ; — le *crucifix
de saint Thomas-d'Aquin*, visible à Naples, qui causa
avec le saint ; — le *crucifix de Wurtzbourg*, dont le
bras se détacha en plein tribunal et saigna ; — le
crucifix du Saint-Sépulcre, qui salua un jeune homme ;
— le *crucifix de Sainte-Marie-Transpontine*, avec lequel saint Pierre et saint Paul s'entretinrent ; — le
crucifix des créanciers, qui témoigna devant des juges,
et enfin le *crucifix de Méry-sur-Seine*, qui donna un
soufflet à un soldat et le renversa.

Cucufin. — Martyr espagnol du IVe siècle.
Deux corps : un à Saint-Denis, l'autre à Compostelle.

Cunégonde. — Premier corps à Bamberg ; la
moitié du second à Vienne ; l'autre moitié à Andeck
en Bavière ; troisième corps mi-partie à Lisbonne,
et mi-partie à Cologne.

Cyprien. — Premier corps à Lyon ; deuxième à
Compiégne ; troisième à Moissac en Quercy et quatrième à Rosnay en Flandre, une cinquième main
droite est à Venise.

Cyr et Jean. — Martyrs du quatrième siècle ;
leurs corps sont à la fois à Alexandrie, à Rome et à
Munich. — Villejuif et Sorrente possèdent en outre
des morceaux de saint Cyr.

Cyriaque. — Premier corps à Rome dans l'église
Sainte-Marie-*in-vid-laid* ; deuxième corps à Ancône ;
troisième en Westphalie ; quatrième au prieuré de
Notre-Dame, près de Sens ; la moitié d'un cinquième
à Worms dans le palatinat du Rhin ; sixième tête à

Cologne ; septième tête à Orléans et diverses parties un peu partout, en Brabant, en Flandre, en Allemagne, en Italie, en Espagne et en France.

D

Daniel. --- Trois corps entiers de ce fameux prophète : 1° à Alexandrie (Egypte) ; 2° à Venise ; 3° à Constantinople. Septième jambe à Verceil (Piémont). Beaucoup d'ossements à Moscou, et différents fragments disséminés dans de nombreuses églises.

David. --- Il y a peu de couvents en Grèce qui n'aient pas la fronde avec laquelle David tua le géant Goliath.

Denis. --- Corps entiers : 1° à l'abbaye de Saint-Denis ; 2° à Rome ; 3° à Bastionne en Bavière (abbaye de Saint-Emmeran). Indépendamment des trois têtes de ces trois corps, nous pouvons citer : un crâne incomplet à Notre-Dame-de-Paris, un crâne complet à Muys-sur-le-Rhin.

Didier. — Evêque de Langres. Un corps entier au prieuré de Sainte-Madeleine, près Langres. Deux mâchoires, un bras et une côte à l'église Saint-Mammès, à Langres. Autres fragments à Gênes, Bologne, Milan, Avignon, Arles, Cologne et Liége.

Didier. — Evêque de Vienne en Dauphiné. Deux corps entiers : 1° à Vienne ; 2° à Lyon. Troisième tête à l'abbaye de Notre-Dame-de-l'Ermitage, dans le canton de Schwitz (Suisse).

Dimas. --- (C'est le nom du bon larron). Dans les environs de Jérusalem, on vénère une maison attenante à la maison de Dimas et dans laquelle la Vierge Marie, lors de la fuite en Egypte, lava les braguettes salies par les excréments de l'enfant Jésus. Depuis ce lavage, la fontaine est miraculeuse.

Dix mille martyrs. --- Ce sont les dix mille soldats chrétiens qui ont été crucifiés et égorgés (avec un seul couteau !) sous le règne d'Adrien. Le fameux couteau est dans l'église Scala-Cœli, à Rome. Là encore, sous une pierre de deux mètres carrés, sont enterrés les dix mille corps de ces dix mille martyrs.

Dominique. — Deux corps entiers: 1° au grand couvent de Bologne; 2° à Assise. En outre, divers membres de saint Dominique sont en Espagne, en Italie, en Sicile et en France.

Domitille. — Vierge brûlée vive par l'ordre du persécuteur Trajan. Néanmoins, on a d'elle trois corps: 1° dans l'église de Saint-Adrien, Rome; 2° à Elwangen en Souabe; 3° à Ariano, près de Naples. Quatrième tête à l'église de Sainte-Marie-in-Vallicella de Rome. Cinquième tête à Osma en Espagne. Sixième tête à Bologne. — En outre, divers fragments à Douai, à Limoges, à Saint-Bertin-en-Artois, etc.

Domnole. — Evêque du Mans. Deux corps: 1° au Mans; 2° à Chaunes-en-Brie.

Donat. — Evêque d'Arezzo, martyr. Quatre corps bien complets: 1° dans l'église de Venise; 2° à Imola; 3° à Arezzo; 4° à Avignon — Arezzo montre en outre un calice ayant appartenu à ce saint, et auquel il manque un morceau que le démon aurait emporté.

Dormants (les sept). — Sept jeunes gens, Maximien, Malchus, Martian, Denis, Jean, Sérapion et Constantin, s'étant endormis dans une caverne d'Ephèse, où ils s'étaient retirés pour fuir la persécution. Ephèse montre leurs sept corps; ils sont également à Marmoutier; enfin Marseille possède les cadavres de quatre d'entre eux.

Dorothée. — Vierge et martyre de Césarée au quatrième siècle; six corps entiers: à Bologne, à Rome, à Arles, à Lisbonne, à Pragues et à Sirck.

Dreux. — Reclus du Hainaut. Un corps entier à Sebourg, et, malgré cela, de grandes parties à Epinay. Cambrai, Liessies, Anderlac et Gouy près Liège.

Dunstan. — Archevêque de Cantorbéry. Deux corps: à Glassembury et à Cantorbéry.

Dympne. — Vierge et martyre du Brabant. —

Un corps enterré par les anges à Ghèle en Brabant; un second à Cambrai et un troisième à Saintes.

E

Edith. --- Femme de Loth, changée en statue de sel tout en conservant ses formes matérielles et en ayant ses menstruations ; visible à deux lieues de la mer Morte, à ce qu'assurent les historiens sacrés.

Edithe. --- Fille d'Edgard, roi d'Angleterre, vierge et religieuse. Un corps entier en Angleterre; les yeux, les pieds et les mains sont entièrement pourris; les mamelles, les parties sexuelles, la bouche et un pouce sont parfaitement conservés.

Edmond. --- Roi d'Angleterre. Premier corps à Berdrich-Worth en Angleterre ; deuxième corps à Toulouse.

Eleuthère. --- Pape; deux corps, le premier à Rome, le second à Troja près Naples.

Eleuthère. --- Evêque de Tournay; deux têtes à Tournay même, l'une dans la cathédrale, l'autre à l'abbaye Saint-Martin ; --- Son corps est avec la première tête.

Eleuthère. --- Abbé de Saint-Marc; un corps à Spolette, et un à Gênes dans l'église Saint-Mathieu.

Elie. --- Les melons qu'Elie changea un jour en pierre se voient encore au Mont-Carmel.

Elisabeth de Portugal. --- Un corps de cette reine est à Lisbonne et un autre se trouve à Coïmbre.

Elisée. --- Les os du prophète Elisée furent brûlés par Julien l'Apostat. Néanmoins son corps est à Sébaste; un second corps à Ravenne.

Eloi. --- Evêque-orfèvre; son corps est à Noyon ; deuxième corps à Bruges ; troisième tête à Chelles; quatrième aux Barnabites de Paris.

Eloph. --- Martyr Lorrain; trois corps, 1° à Cologne; 2° à Toul; 3° près de Gand; quatrième tête à

Utrecht; cinquième tête à Saint-Martin de Cologne.

Epimarque. — Martyr Romain; quatre corps: à Rome, dans l'église Saint-Gardien; à Constantinople; à l'abbaye de Kempten, dans le diocèse d'Augsbourg et à Venise.

Epiphane. — Evêque de Salamine; deux corps: à Bénévent et à Pragues.

Equice. — Abbé du sixième siècle; un corps à Rizzolo et un à Aquila, en Italie.

Erasme. — Martyr d'Italie: premier corps à Gaète; deuxième corps à Rome; troisième à Bologne; quatrième à Engubbio; cinquième à Vérone; sixième à Naples; septième à Evora; huitième à Lisbonne; neuvième à Cologne; dixième à Prague et onzième corps à Mayence. — Chacun de ces onze corps entiers, bien entendu.

Eternuement du Saint-Esprit. — On montrait au XVII° siècle cette relique, dans une fiole, à l'église Saint-Front, à Périgueux.

Etienne — Un corps réduit en cendres à Jérusalem; deuxième corps tout entier à Constantinople; troisième corps à Saint-Laurent de Rome; quatrième à Venise; cinquième tête à Saint-Paul de Rome; sixième tête à Soissons; septième à Arles; huitième à Saint-Etienne de Lyon; un neuvième bras est à Saint-Yves de Rome; un dixième à Sainte-Cécile de Rome; un onzième à Saint-Louis de Rome; un douzième à Metz; un treizième à Besançon, etc., etc.

Etienne. — Pape; premier corps à Trani; deuxième à Pise; troisième à Saint-Sylvestre de Rome.

Eugène. — Pape; un corps à Rome et un autre en Portugal.

Eugène. — Evêque de Carthage; un corps à Albi; un second en Corse; un troisième à Venise.

Eulalie. — Premier corps à Mérida; second dans les Asturies.

Euphémie. — Son tombeau, qui sue du sang,

est en Chalcédoine, avec un corps dedans ; un second corps est à Sainte-Euphémie de Rome ; un troisième à Tarbes et un quatrième à Saint-Malo.

Euphrosine. — Vierge d'Alexandrie ; trois corps : à Trèbes, à Bologne et à Réaulieu, près Compiègne.

Eustache. — Un corps à Paris ; un autre à Rome ; troisième tête à Venise ; quatrième mâchoire à Rome, dans une église du quartier Saint-Eustache.

Eutrope. — Évêque de Saintes ; un corps à Vendôme ; un corps à Heule, près Courtray ; troisième tête à Saintes.

F

Fauste, Janvier et Martial. — Trois saints frères dont six corps sont, trois par trois, à Cordoue et à Tolède.

Félicité. — Quatre corps : à Rome, à Bologne, à Vierzon et au monastère de Dèvre, en Berry. — Une autre sainte du même nom mourut martyre, en compagnie de ses sept fils ; les huit corps sont à Saint-Marcel de Rome.

Félix. — Premier pape du nom ; un corps à Saint-Côme de Rome ; un second à Sainte-Prudentiam de Rome et un troisième corps, partagé en trois, dans trois églises de Bologne.

Félix et Adauete. — Leurs corps sont à l'abbaye de Ferrières ; — ils ont deux autres têtes à Cologne, et d'autres membres à Rome, en Picardie et en Normandie.

Félix de Girone. — Un corps à Girone ; un autre à Narbonne.

Félix de Nole. — Prêtre du troisième siècle ; un corps à Nole ; un autre à Saint-Félix de Rome ; un troisième à Bénévent.

Félix. — Évêque de Trèves ; deux corps : à Trèves et à Bologne.

Fiacro. — Une pierre qui s'est amollie au contact du derrière de saint Fiacre est visible à Meaux, qui possède aussi son corps.

Firmin. — Deux corps : à Amiens et à Saint-Denis.

Florentin et Hilaire. — Martyrs ; premier corps de saint Florentin à Lyon ; deuxième à Lagny ; troisième à Bonn ; quatrième tête à Bremur-sur-Seine. — Premier corps de saint Hilaire à Lyon ; deuxième à Lagny ; troisième tête à Bremur.

François d'Assise. — Un corps à Assise ; un deuxième à Sainte-Marie-de-la-Portioncule.

François de Paule. — Son corps se trouve : 1° à Plessis-du-Parc, 2° à Notre-Dame-la-Riche de Tours ; 3° aux couvents de Chaillot et de la place Royale, à Paris, 4° à Aix en Provence ; 5° à Paule en Calabre ; 6° à Naples ; 7° à Gênes ; 8° à Bologne ; 9° à Madrid ; 10° à Malaga ; 11° à Barcelone ; 12° à Rome, etc., etc.

Fructueux. — Évêque de Tarragone ; un corps dans cette ville ; 2me corps à Manrèse en Catalogne ; 3me à Barcelone ; 4me en Italie, sur les côtes de Gênes. — Il y a aussi un saint Fructueux, évêque de Bragues ; son corps est à Bragues et à Compostelle.

Fuschien, Victorie et Gentien. — Martyrs : Fuschien est double, à Baugency et à Amiens ; Victorie est double, à Baugency et à Corbie ; Gentien est également double, à Baugency et à Saint-Quentin.

G

Gabriel. — Notre-Dame de Lorette, à Rome, possède une plume que l'ange Gabriel laissa tomber dans la chambre de la Vierge, le jour de l'Annonciation.

Gatien. — Évêque ; un corps à Tours et un à Saint-Vaast d'Arras.

Gengoul. — Patron des maris trompés ; cinq

corps entiers ; à Varennes, à Florence, à Villa-Viciosa en Portugal, à Cologne et à Trèves. Un sixième est dispersé entre Prague, Harlem, la Bohème, etc.

Georges.—Ce saint célèbre a laissé plus de *trente* corps ; ses principales têtes sont à Venise, à San-Salvador, à Prague, à Cologne, au Mans, en Auvergne, à Trèves, en Angleterre, à Constantinople, à Lydda, à Rome, etc.

Germain. — Patriarche de Constantinople ; un corps à Choras en Asie et un autre à Borti en Auvergne.

Germain l'Auxerrois. -- Un corps tout complet à Auxerre ; troisième bras à Cusa près Perpignan ; quatrième à Ravennes.

Germer. --- Un corps à Beauvais, un deuxième à Poitiers.

Gervais et Protais. --- Martyrs du premier siècle ; première paire de corps à Milan ; deuxième paire à Brissac en Alsace ; troisième paire à Besançon ; quatrième paire à So...ons.

Gezelin. --- Deux corps: à Berg et à Luxembourg.

Gan. -- Patron des gantiers ; son corps fut brûlé par les Normands ; il est néanmoins à Saint-Gan près de Sézanne.

Gordien. --- Premier corps à Rome ; deuxième corps à Kempter ; troisième corps à Prague ; quatrième tête à Trèves.

Gorgone. — Eunuque noyé au quatrième siècle ; ses corps, au nombre de *six*, se trouvent : 1° dans la mer où on le jeta et d'où il ne fut point tiré ; 2° à Nicomédie ; 3° à Saint-Pierre de Rome ; 4° à Goreze près Metz ; 5° à Minden en Saxe ; 6° à Marmoutier.

Grat. --- Évêque de Châlons-sur-Marne ; un corps à Paray-le Monial et un second à Aoste.

Grégoire-le-Grand. — 1er corps à Saint-Pierre de Rome ; 2e corps à Saint-Médard de Soissons ; 3e tête à Sens ; 4e tête à Constance ; 5e à Cologne et 6e à Lisbonne.

Grégoire-le-Thaumaturge. — Deux corps : à Lisbonne et à Néocésarée.

Grégoire-de-Nazianze. — Premier corps à Constantinople ; deuxième à Saint-Pierre-de-Rome ; troisième à Venise ; quatrième tête à Cerenza ; septième main, à Tomar, en Portugal.

Grégoire d'Utrecht. — Un corps au monastère de cette ville, dont il fut abbé, et un à Susteren, en Westphalie.

Gudule — Vierge du Brabant ; son corps entier est à Bruxelles ; mais Augsbourg possède aussi ses cuisses et ses parties sexuelles.

Guenaut. — Deux corps à Corbeil et à Vannes.

Guignolet. — Saint abbé célèbre pour le culte que lui rendent les femmes stériles ; trois corps : à Bandvener, à Blandinberg et à Montreuil en Picardie.

Guillaume-le-Grand. — Premier corps en Languedoc ; un deuxième à l'Escurial ; un troisième à Grasseto, en Toscane ; un quatrième à Cologne ; la moitié d'un cinquième à Paris ; l'autre moitié à Cambrai ; un sixième à Béthune ; un septième à Madrid ; une huitième tête à Anvers ; une dixième tête à Duren, etc.

Guislein. — Son corps, brûlé par les Normands, se trouve néanmoins à Cambrai, à l'abbaye de saint Guislein.

H

Hedwige. — Duchesse de Pologne ; un corps à Trebnitz, en Silésie, et un à Cracovie.

Hélène. — Premier corps à Constantinople ; second corps à Rome ; troisième corps dans l'île de Sainte-

Hélène et quatrième corps à Hautvillé, en Champagne. — Elle a une cinquième tête à Cologne.

Hilaire. — La seule ville de Poitiers a possédé deux corps de ce saint ; les huguenots en ont brûlé un ; un troisième corps est à Saint-Denis ; un quatrième corps est au Puy-en-Velay ; un cinquième à Bénévent ; un sixième à Wallers en Hainaut ; la moitié d'un septième à Reims ; l'autre moitié à Sechingen près Bâle ; la moitié d'un huitième à Parme ; l'autre moitié à Tolède, etc.

Hippolyte. — Martyr : premier corps à Rome dans l'église des Quatre-saints-couronnés ; la tête de ce corps est à Sainte-Croix de Jérusalem ; deuxième corps à Saint-Denis ; troisième corps à Sainte-Julie de Brescia ; quatrième tête à Lucques ; cinquième tête à Cologne et sixième tête à Toulouse.

Honnête. — Martyr espagnol, n'a laissé que deux têtes, l'une à Paris, l'autre à Toulouse dans l'église Saint-Saturnin. — Un corps entier était en outre dans l'église de l'abbaye d'Hière, près Paris, mais la Révolution l'a mis en pièces et dissipé.

Hosties miraculeuses. — *L'hostie de Dijon,* offerte par le pape Eugène à Philippe-le-Bon, duc de Bourgogne, porte les traces de gouttelettes de sang qui en sortirent après avoir été percée à coups de couteau par un Juif ; l'église Saint-Jean de Dijon possède une étole pleine de ce même sang ; une hostie du même genre que la précédente est gardée à Saint-Jean en Grève ; Bruxelles en possède trois pareilles ; Bellitz en a une autre ; Rimini possède une hostie qui, mise dans une botte de foin, fut adorée par un cheval à qui on avait ainsi présenté le foin ; Séefeld montre une grande hostie avalée et recrachée toute saignante par un gentilhomme orgueilleux qui avait refusé de communier avec des petites hosties ordinaires ; Bolsena, Constantinople, Braine, Dôle, Rome, Amsterdam, Faverney, etc., possèdent également des hosties miraculeuses ; presque toutes ont rendu du sang et beaucoup ont été profanées par des Juifs.

Hyacinthe. -- Religieux polonais ; son corps est à Cracovie ; il a une seconde tête à Paris et une troisième à Anvers. -- Ayant un jour traversé le fleuve Garistène, à pied, en marchant sur l'eau, ses pas y demeurèrent marqués, et on les voit encore aujourd'hui, affirment les imposteurs cléricaux.

I

Ignace. -- Fut mangé par les lions ; après son supplice on ouvrit son cœur, on ne dit pas comment on l'avait trouvé, il était stigmatisé ; on le conserve à Antioche ; -- bien qu'il ait été mangé, Antioche possède aussi son corps entier ; Rome en a un second et Clairvaux un troisième ; - cela fait, avec le corps mangé, quatre corps et quatre têtes, une cinquième tête est à Prague ; une sixième à Messine ; une septième à Cologne. Un huitième bras est à Chartres et une huitième jambe à Paris.

Ignace. -- Patriarche de Constantinople ; a laissé deux corps, un à Constantinople, dans l'église Saint-Michel sur le Bosphore, et un à Naples.

Ignace de Loyola. -- A part d'innombrables parties du corps de saint Ignace de Loyola, qui sont en quantité suffisante pour former six corps au moins, on garde dans certains endroits le croupion du fondateur de la Compagnie de Jésus, auquel on rend un culte particulier.

Irénée. -- Évêque de Lyon ; un corps à Lyon, un deuxième à Cantazare, en Calabre, et un cinquième bras à Paris.

Isaïe. -- Ce prophète, scié en deux, a laissé un corps à Sion, un deuxième à Constantinople et un troisième à Saint-Denis.

Isidore. -- Martyr de Chio, au troisième siècle ; un corps à Chio ; un second à Constantinople ; un troisième à Venise ; un quatrième à Martorel en Catalogne.

Isidore. -- Evêque de Séville; un premier corps dans cette ville; un deuxième à Léon; un troisième à Bologne.

J

Jacques le Majeur. -- Apôtre décapité onze ans après la mort de J.-C. Un corps entier à Compostelle; un second en Judée; un troisième en Lydie; un quatrième à Vérone; un cinquième à Toulouse; un sixième aux Saints-Apôtres de Rome; un septième à Pistoie; une huitième tête à Venise; une neuvième tête à Saint-Waast d'Arras; un quinzième bras à Saint-Chrysogone de Rome; un seizième à Liége; un dix-septième à Saint-Benoît-sur-Loire, un dix-huitième à Amiens, etc.

Jacques le Mineur. -- Apôtre; quatre corps complets: 1° au Mont des Oliviers; 2° à Constantinople; 3° à Rome, aux Saints-Apôtres; 4° à Toulouse; -- neuvième bras à Gênes; dixième à Trèves; onzième à Namur; douzième à Langres; cinquième tête à Compostelle; sixième tête à Saint-Pierre de Rome (Rome a donc deux têtes de ce saint); septième tête à Ancône; huitième aux Saintes-Maries en Provence; neuvième à Compiègne; dixième à Anvers; enfin une onzième mâchoire à Forli.

Jacques l'Intercis. -- Ainsi nommé parce qu'il fut coupé en morceaux; premier corps entier au Couvent du Saint-Esprit, à Pavie; second corps entier à Moscou et troisième aussi entier à Brague, en Portugal.

Janvier. -- Un corps à Naples, un autre à Pouzzol.

Jean-Baptiste. -- Son corps, qui était à Sébaste, fut brûlé par Julien l'Apostat; ses cendres sont: 1° à Saint-Jean-de-Latran; 2° à Saint-Laurent-de-Gênes; 3° à Vienne, en Dauphiné; 4° au Puy-en-Velay; 5° à Ardres en Picardie; 6° dans l'abbaye du

Paraclet ; 7° à Saint-Aimé de Douai ; — bien que chacune de ces villes se vante de posséder les cendres complètes de Jean-Baptiste, on a de ses os à Saint-Jean-de-Maurienne, à Langey, à Saint-Martin de Tours, à Brescia et à Saint-Félix-de-Nole ; — une partie de son épaule est à Saint-Denis ; une épaule entière à Constantinople ; une autre épaule à Longpont et une dernière à Liessies ; — une de ses jambes se trouve à Saint-Jean d'Abbeville ; une autre à Venise ; une troisième à Tolède ; un bras est à Bologne ; un autre en Hollande ; un autre à Sainte-Marie-Majeure de Rome ; un quatrième à Maëstricht ; un cinquième, avec la chair, la peau et les ongles, aux Jacobins de Perpignan ; sixième main à Citeaux ; septième à Venise ; huitième à Sienne ; quarante-unième doigt à Besançon ; quarante-deuxième à Toulouse ; quarante-troisième à Lyon ; quarante-quatrième à Bourges ; quarante-cinquième à Florence ; quarante-sixième à Saint-Jean-des-Aventures, près Mâcon ; quarante-septième à Basse-Fontaine ; quarante-huitième à Paris ; quarante-neuvième à Malte ; cinquantième à Saint-Jean-du-Doigt dans le Finistère, et cinquante-unième doigt à l'Escurial ; le plus curieux, c'est que ces onze doigts détachés sont tous l'index de la main droite. — Nous passons sous silence les endroits qui possèdent d'autres doigts et d'autres mains de saint Jean-Baptiste et qui sont au nombre d'une centaine *au moins*.

Bien que sa tête ait été brûlée avec son corps, elle se trouve néanmoins tout entière : 1° deux à Ernèse, en Phénicie ; 2° une à Comane ; 3° une chez les Maronites du Liban ; 4° une à la cathédrale d'Amiens ; 5° une à St-Jean-d'Angely ; 6° une à Saint-Sylvestre de Rome ; 7° une à Soissons ; 8° une à l'Escurial ; toutes ces têtes ont conservé leur peau, leurs yeux et leurs poils ; — une moitié de tête est à Malte ; un derrière de tête et une mâchoire sont à St-Jean de Nemours ; un crâne à Venise ; un autre à St-Jean de Maurienne ; un autre à Cologne ;

une autre mâchoire à St-Jean de Lyon ; une cinquième mâchoire détachée à Turin ; une sixième à la cathédrale d'Aoste ; une septième à Beauvais, avec deux dents ; d'autres sont à St-Jean de Latran. à Nuremberg, à St-Denis, etc ; --- une cervelle est à Tiron ; une autre à Nogent-le-Rotrou ; une oreille à Paris ; une autre à St-Flour ; une à Prague, etc., etc., etc.

Jean l'Evangéliste. --- Les uns le croient vivant encore, dans le paradis terrestre ; d'autres disent qu'il est au ciel, en corps et en âme ; les troisièmes le supposent enterré à Ephèse, mais toujours vivant. --- Néanmoins quelques-uns de ses os sont à Arles, à Milan, à Auxerre, à Besançon, à Tolède, à Moscou, à Cologne, etc.

Jean-Chrysostome. --- Son premier corps est à Constantinople, son second à Saint-Pierre-de-Rome, sa troisième tête à Paris et sa quatrième à Messine.

Jean l'aumônier. --- Deux corps : un à Constantinople et un dans l'île de Chypre.

Jean Ier. Pape --- Premier corps au Vatican, deuxième à Augsbourg, troisième tête à Ravenne.

Jérémie, prophète juif. --- Un corps à Jérusalem ; un autre à Alexandrie, et des morceaux un peu partout.

Jérome. --- Premier corps à Bethléem ; deuxième à Sainte-Marie-Majeure de Rome ; troisième à Toulouse ; quatrième tête à l'abbaye de Cluny.

Jésus-Christ. --- Une crèche ou auge dans laquelle il naquit est : 1° à Bethléem ; 2° à Sainte-Marie-Majeure ; 3° en parties diverses à Toulon, Nuremberg, l'Escurial, etc.; -- le nombril de Jésus, ou pour mieux dire son cordon ombilical, est moitié à Saint-Jean-de-Latran, moitié à Sainte-Marie-du-Peuple ; -- son prépuce se trouve : 1° à Charroux, près Poitiers ; 2° à Saint-Jean-de-Latran ; 3° à Coulombs, près Chartres ; 4° à Anvers ; 5° au Puy-en-

Velay ; 6° à Hildesheim ; 7° à Châlons-sur-Marne ; — Jésus ayant changé l'eau de *six* cruches en vin, aux noces de Cana, on montre ces cruches, une par une, à Ravennes, Pise, San-Salvador, Venise, Moscou, Bologne, Tongres, Cologne, Angers, Cluni, Paris, Beauvais et à Orléans, soit *treize* cruches ; — Rome, San-Salvador, Venise se vantent de posséder des morceaux qui restèrent des cinq pains avec lesquels Jésus nourrit 5000 personnes dans le désert, ainsi que la table qui fut dressée à cette occasion ; — Vendôme possède une larme que Jésus versa sur la mort de Lazare ; elle rapporte 4000 francs de rente aux religieux ; d'autres larmes moins célèbres sont à Trèves, à Selincourt, à Thiers, à Saint-Pierre-le-Puellier d'Orléans, à Foucarmont ; — Saint-Maximin, en Provence, possède aussi une larme versée par Jésus lorsqu'il lava les pieds à ses apôtres ; — la table de la Cène est toute entière à Saint-Jean-de-Latran ; Montdieu, Chartres, Cologne et l'Escurial en possèdent néanmoins de notables morceaux. — Notons aussi *quatre* serviettes « avec *laquelle* Jésus essuya les pieds de ses apôtres » ; des morceaux du pain de la Cène, des fioles de sang, des mèches de ses cheveux, — lesquels sont de différentes couleurs, suivant les villes qui les possèdent ; — d'autres reliques encore sont disséminées un peu par toute la terre. — La Sainte-Robe sans couture est : 1° à Argenteuil ; 2° à Moscou ; 3° à Saint-Jean-de-Latran ; 4° à Sainte-Martinelle de Rome ; 5° à Trèves ; 6° en Turquie ; — l'éponge de la passion est : 1° à la Sainte-Croix de Rome ; 2° à Ancône ; 3° à Mantoue ; 4° à Montdieu ; 5° à Constantinople ; — Saint-Sébastien de Rome possède une pierre sur laquelle Jésus laissa l'empreinte de ses pieds ; Soissons en possède une pareille ; la Terre-Sainte aussi ; — le portail de l'église de Reims a été entièrement bâti par Jésus, et une pierre conservée religieusement derrière le grand autel porte l'empreinte des fesses du Sauveur. — Les autres reliques de Jésus sont trop nombreuses pour que nous puissions les énumérer ici.

Joachim. — Deux corps : à Bologne et à Cologne.

Jonas. — Premier corps à Lydda, en Turquie, deuxième corps à Moussoul, troisième corps à Venise.

Joseph. — Epoux de la vierge. — Outre son corps, enterré dans la vallée de Josaphat, son manteau, son anneau, etc., Conchy-Verny, près Blois, « conserve, dans une bouteille, le dernier soupir que saint Joseph poussa à sa mort. »

Joseph d'Arimathie. — Un corps à Moyen-Moutier, près Toul, un autre à Glassembury ; cinquième bras à Rome.

Judas Iscariotte. — Saint-Jean-de-Latran, Sainte-Croix-de-Rome, Saint-Denis, Aix, Amras, etc., ont conservé quelques-uns des trente deniers qui payèrent sa trahison, ainsi que la tasse dans laquelle il buvait, la corde avec laquelle il se pendit, etc.

Jude. — Apôtre ; premier corps à Toulouse, deuxième à St-Pierre de Rome, cinquième bras à Cologne avec une troisième mâchoire.

Julien. — Evêque du Mans ; son corps fut brûlé, ce qui ne l'empêche pas d'être au Mans tout entier.

Julien l'Hospitalier. — Le corps de ce saint (qui tua son père et sa mère) est à Padoue ; il en a un second à Rome.

Julienne. — Ses treize principaux corps complets, — sur une trentaine qu'elle a laissés, sont : à Constantinople, à Cumes, à Naples, à Bologne, à Sarragosse, à Madrid, à Lisbonne, à Coïmbre, à Prague, à Gand, à Moscou, à Varsovie et à Cologne. — 14me tête détachée à Notre-Dame-des-Martyrs, près Lisbonne, 15me à Hall, 16me à Bruxelles, 17me à Ancône, 18me à St-Jacques-du-Haut-Pas, à Paris ; 19me au Val-de-St-Germain, près de

Dourdan. — Nous ne parlons, bien entendu, que des principales, la place nous étant mesurée.

Justin-le-Philosophe. — Un corps à Saint-Laurent de Rome, un autre à Eistad ; — troisième tête à Namur et quatrième à Bologne.

Justine. — Deux corps, à Padoue et à Ste-Marie-la-Neuve de Rome.

Juvénal. — Évêque de Varni ; un corps dans cette ville et un autre à Fossano, en Piémont.

L

Landelin. — Fondateur des Lobes qui a conservé son corps ; il est aussi à Crespin ; — l'Allemagne possède en outre beaucoup de bras et encore plus de côtes du même prêtre.

Laurent. — Célèbre saint brûlé vif : un corps à Rome, un second à Gênes ; cinquième bras au Puy-en-Velay, sixième à St-Martin de Laon ; cinquième épaule à St-Maximin, en Provence ; cinquième pied à Padoue ; divers ossements visibles à Liége, aux Blancs-Manteaux de Paris, à Chartres, à Basse-Fontaine, à Berre, etc., suffiraient pour lui constituer encore trois ou quatre corps complets.

Lazare. — Disciple de Jésus : premier corps à Constantinople, second à Béthanie, troisième corps à Autun, quatrième tête à Marseille.

Léger. — Premier corps entier à Saint-Maixent, deuxième à Notre-Dame de Soissons, troisième à St-Gérard de Brogne, quatrième à Ebreules, en Auvergne, cinquième à Souvigny, dans le Bourbonnais ; — sixième tête à St-Waast d'Arras, septième à Maimac, en Limousin, huitième à Murbach, en Alsace, neuvième à Saint-Pierre-des-Préaux, près Lisieux, dixième à Jumiéges ; — onzième main à Maimac, douzième à Fescan ; — son dixième œil gauche est à Paris et le dixième œil droit à St-Denis.

Léocadie. — Deux corps, à Tolède et à Mons.

Léon-le-Grand, pape. — Trois corps : un à Rome, dans l'église St-Pierre, un à Wurtzbourg et un à Périgueux ; un septième bras est à Sens.

Léon IX, pape. — Un corps à une abbaye près de Capoue et un à Rome.

Leu. — Evêque de Sens, où il a laissé un corps ; un second est à Saint-Pierre-le-Vif, près de Sens.

Libotre. — Deux corps, à Paderborn et à Aimeries.

Lidwina. — Vierge de Hollande. Eut un corps brûlé par les protestants de Schiedam ; il en reste deux autres, un à Anvers, l'autre à Bruxelles.

Longin. — Soldat qui perça le côté de Jésus et qui se convertit ; son corps fut jeté à la voirie ; il est néanmoins : 1° à Saint-André-de-Montore ; 2° à Saint-Marcel de Rome ; 3° à N.-D. de l'Ile-sur-Lyon ; — le fer de sa lance est d'abord à Jérusalem, puis à Antioche, à Constantinople, à Rome, à Nuremberg, à Paris, à Montdieu, à Tenaille en Saintonge, à Selve près Bordeaux, à Moscou, etc.; quant au bois de la lance il est à Saint-Jean-de-Latran.

Loup. — Premier corps à Troyes ; deuxième à Auxerre; troisième à Genève ; quatrième à Sens. Une particularité à noter : saint Loup est le patron des brebis.

Luc. — Troisième évangéliste ; huit corps complets : 1° un qu'on laissa pourrir à Patras ; 2° un aux Saints-Apôtres de Constantinople ; 3° un à Antioche ; 4° un à Ostie, brûlé par les Lombards ; 5° un à Monte-Virgine ; 6° un à Venise ; 7° un à Ste-Justine de Padoue ; 8° un à Naples. — Neuvième tête à St-Pierre de Rome, et des morceaux à Vole, Fondi, Brescia, Toulon, etc.

Luce. — Pape ; un corps à Rome, un autre à Bologne, troisième tête à Roschild en Danemarck.

Lucie. — Vierge martyre de Syracuse au sixième

siècle. Cinq corps, 1° à Palerme ; 2° à Constantinople ; 3° à Venise ; 4° à Ste-Marie-la Veuve de Rome ; 5° à St-Vincent de Metz. — Une sixième tête est à la cathédrale de Bourges.

Lucien. — Deux corps, à Beauvais et à Meaux ; tête à Corbie, en Picardie.

M

Macaire. — Deux corps, à Sens et à Auch.

Machabées. — Les sept corps des Machabées se trouvent à la fois à Cologne et à Rome, sans préjudice des reliques détachées visibles à Paris et à Montrouge.

Maclou. — Un corps à St-Mâlo, un autre à St-Magloire de Paris et un troisième à Gemblours en Brabant.

Madeleine la pécheresse. — Un corps entier à Constantinople ; un second à Rome, moitié à St-Jean-de-Latran, moitié à Ste-Marie-du-Peuple ; un troisième à Montferrat ; un quatrième à Naples ; un cinquième à Vezelay ; un sixième à St-Maximin, en Provence. — Marseille possède d'elle un treizième bras à Notre-Dame-de-la-Major ; un vingt-septième doigt medius est à Tarascon ; un vingt-huitième à St-Victor-de-Marseille ; un vingt-neuvième à Venise, etc. — Une particularité peu connue : Madeleine avait appartenu à saint Jean l'évangéliste avant qu'ils connussent Jésus.

Mammès. — Un corps à Césarée, un deuxième à Jérusalem, un troisième à Constantinople.

Marc l'Evangéliste. — Fut brûlé par les gentils ; néanmoins son corps entier est à Venise, un autre est à Richenau près Constance ; une troisième tête est à St-Paul de Rome ; un quatrième crâne est à Soissons ; — cinquième bras à Limoux ; sixième à

Cambrai ; septième à Liessies ; huitième à Rouen, neuvième main à Moscou, etc.

Marcel, pape.— Premier corps est à Rome, dans l'ancien temple d'Isis devenu une église ; deuxième corps à Cluni, et un troisième à Mons.

Marcellin. — Un corps à Embrun, un autre à Rome ; la tête du premier corps est à Digne.

Marcellin et Pierre.—Martyrs dont les corps sont à la fois à Mayence et à Rome, sans compter d'autres parties visibles à Tournai, Cambrai, Coblentz, Bologne, Prague, etc.

Marcoul. — Un corps à Corbigny, un deuxième à Mantes, un troisième à Gissé en Bourgogne ; d'autres morceaux à Troyes, Reims, Paris, Rouen, Cologne, etc.

Marie. — La Mère du Sauveur a laissé tant de fioles de son lait que, dit Calvin, « si elle avait été une » vache ou qu'elle eût été nourrice toute sa vie, à » grand'peine elle en eût pu rendre une telle quan-» tité » (*Traité des reliques*). Rome en montre dans quatre églises différentes : Gênes, Venise, Avignon, Padoue, Aix, Toulon, Chartres (trois fioles), Berre, Chelles, Paris, Guimarès, Evron, Naples, Royaumont, Bethléem, etc., en possèdent des fioles pleines. — Le père jésuite Goujon (p. 276) affirme que l'on montrait de son temps à Jossé en Auvergne « un linge sale de la Sainte Vierge ayant ses fleurs. »

Marie de Cléophé, sœur de la sainte Vierge : premier corps aux Saintes-Maries près d'Arles ; deuxième à Constantinople ; troisième à Bologne ; quatrième à Véroli ; cinquième à Ciudad-Rodrigo ; — sixième tête à Venise.

Marie Salomé.—A un corps partout où Marie de Cléophé en a un : en tout, cinq.

Marie de Béthanie. — Un corps à Moscou, un autre à Moscou ; une troisième tête à Raguse.

Marie d'Egypte. — Un corps à Rome ; un autre

à Crémone ; un troisième à Tournai ; quatrième à Munich ; cinquième à Anvers ; sixième tête à Naples.

Marine. — Vierge dont on ne connut le sexe qu'après sa mort ; un corps à Venise ; un autre à Constantinople.

Marius. — Deux corps à Rome même, l'un aux Quatre-Couronnés, l'autre à Saint-Adrien.

Martine. — Un corps à Rome dans l'église Sainte-Martine ; un autre à Plaisance, et une troisième tête à l'*Ara-Cœli* de Rome.

Martinien et Processe. — Chacun deux corps, une paire à Saint-Pierre au Vatican, et une autre paire à Saint-Pierre-*in-carcere*, de Rome, également.

Mathias. — Le treizième apôtre. Un corps à Sainte-Marie-Majeure de Rome ; un deuxième à Padoue ; un troisième à Trèves ; une quatrième tête à Barbezieux.

Mathieu. — Premier corps chez les Parthes ; deuxième corps à Naddaver ; troisième corps en Bretagne ; la tête en est à Brest ; quatrième corps à Salerne, cinquième tête à Beauvais ; sixième tête à Chartres ; septième tête à Rogevaux près Toul.

Maur. — Premier corps à St-Maur-des-Fossés ; deuxième à Sessieu ; troisième à Messine ; quatrième à Gênes ; la moitié d'un cinquième à Bavay, l'autre moitié à Prague ; un sixième à Suze ; un septième à Badajez ; un huitième à Huy ; un neuvième à Montferral ; — dixième tête à Cologne et onzième à Aquigny, en Normandie.

Maure et Brigitte. — Deux vierges dont les quatre corps sont, par paire, à Nogent-les-Vierges en Beauvaisis et à Sainte-Maure en Touraine.

Maurice. — Première tête à Vienne en Dauphiné ; deuxième à Orcomp ; un bras à Angers ; deux autres à Mirepoix, enfin un corps complet, divisé en douze parties, à Saint-Maurice de Senlis.

Médard. — Deux corps : un à Soissons, un à Dijon.

Mein. — Un corps entier à Saint-Mein en Bretagne, et diverses parties à Toulouse, Morfontaine, Saint-Maur-des-Fossés, etc., etc.

Menne. — Un corps à Constantinople et un à l'abbaye d'Orval près Trèves.

Monique. — Un corps à Aronaise en Artois, un autre à St-Augustin de Rome ; — troisième tête à Douai ; quatrième crâne à Bologne ; une moitié de corps à Chistoing.

N

Nazaire et Celse. — Deux corps à Milan, deux autres à Autun ; troisième paire à Embrun ; quatrième paire à Paris.

Nicaise. — A laissé sept moitiés de corps à Reims, Noyon, Tournay, Meulan, Rouen, Orléans et Condé.

Nicolas. — Premier corps à Bari ; deuxième à Venise ; troisième en Lycie ; quatrième à Moscou.

Numillion et Elodie. — Vierges dont quatre corps sont visibles à St-Sauveur de Lejer en Navarre, et à Bologne.

O

Oswald. — Roi de Northumberland ; 1er corps à Bearden près de Lincoln, 2me corps à Soissons.

Ours. — Moine en Berry ; un corps à Loches, un autre à Aoste.

Ovide. — Son corps a été distribué par morceaux entre différentes églises ; ces diverses reliques ne forment qu'un seul corps ; seulement les églises qui possèdent les pieds de ce saint donnent à vénérer chacune un pied gauche, ce qui fait deux pieds gauches et pas de pied droit.

P

Pancrace. — Deux premiers corps à Rome: 1. à l'église qui porte son nom ; 2° chez les carmes déchaussés ; troisième corps à Bologne ; quatrième à Saint-Zacharie de Venise ; cinquième à Milan, sixième à Lantosca près de Nice ; septième à Avignon ; huitième à Gand ; neuvième à Malines ; dixième à Cologne ; onzième à Trèves ; douzième à Prague ; et une vingtaine d'autres moins célèbres ainsi que plusieurs centaines de grands ossements dans une multitude d'églises d'ordre inférieur.

Pantaléon.. — Un corps à Constantinople ; un deuxième à Catane ; un troisième à St-Denis ; un quatrième à Burgos ; un cinquième à Cologne ; un sixième à l'île St-Georges près Venise ; une septième tête à Lyon.

Pardoux. — Trois corps, un à Guéret, un à Sarlat et un à Arnac.

Parre. — Un corps à Troyes, un autre à Périgueux.

Patrice. — Un corps en Irlande, un autre à Glassembury.

Paul. — Saint-Paul compte des reliques dans 1800 châsses au moins ; en tout, de quoi reconstituer environ vingt corps. Les parties les plus remarquables sont : deux moitiés de corps à Saint-Pierre et à Saint-Paul de Rome ; et une épaule à Argentan.

Paul. — Patriarche de Constantinople où il a laissé un corps, sans préjudice d'un second qui est à Venise.

Paul. — Premier ermite ; un corps à Bude ; un deuxième à Cluni ; un troisième à Jouarre près Meaux ; une quatrième tête à Rome ; un septième à Bourbon-l'Archambault.

Paul de Narbonne. — Un corps dans cette ville ; un autre à Rochechouard près Limoges.

Paulin --- Evêque de Nôle ; deux corps : à Rome et à Nôle.

Péregrin. --- Evêque d'Auxerre ; un corps à Saint-Denis, un autre à Prague, un troisième à Rome.

Perpétue. — Cinq corps : 1° à Bologne ; 2° à Vierzon ; 3° à Beaulieu, en Limousin ; 4° à Dèvres sur le Cher ; 5° à Sancerre sur Loire.

Pétronille. — Fille de saint Pierre ; un corps à Rome ; un second au Mans ; un troisième à Oviedo ; un quatrième à Munster ; un cinquième à Naples et un sixième au monastère de la Barre, près de Château-Thierry.

Philippe. — Apôtre : un corps à Rome ; un second corps à Toulouse ; un troisième à l'île de Chypre ; une quatrième tête à Paris ; une cinquième à Troyes ; une sixième à Monte-Major, en Portugal ; une septième à Florence ; --- deux bras détachés à Andech, en Bavière ; neuvième bras à Pragues ; dixième à Florence ; onzième à Octingen ; douzième à Reims.

Phocas. --- Trois corps, à Antioche, Constantinople et Vienne en Dauphiné ; une partie d'un quatrième corps et une tête à Rome.

Piat. --- Un corps à Chartres et un demi-corps à Seclin.

Pierre. -- Apôtre. Rome a son corps complet ; Constantinople aussi, sauf la tête ; Poitiers en a une mâchoire ; Genève possède une cervelle ; quant aux autres morceaux disséminés un peu partout, ils suffiraient à former seize corps de ce saint.

Pierre d'Alexandrie. -- Un premier corps à Alexandrie et un second à Grasse en Provence.

Pierre Balsame. -- Deux corps à Césarée et à Venise.

Pierre le Martyr. -- Dominicain inquisiteur ;

deux corps complets, un à Milan et un mi-partie à Prague, mi-partie à Palerme; cinquième main à l'Escurial; vingt-sixième doigt à Césène; vingt-septième à Corno; vingt-huitième à Vérone; vingt-neuvième à Plaisance; trentième à Cologne, et deux derniers à Paris.

Polycarpe. — Le corps de ce saint, qui fut réduit en cendres, n'en est pas moins tout entier à Hautvillé, près d'Epernay; ses ossements sont aussi à Smyrne.

Polyeucte. -- Un corps à Mélitène, un second à Constantinople.

Pons. -- Un corps à Nice, un second à St-Pons, près de Nice; un troisième fut brûlé à Cemèle, et Marseille en a une quatrième tête.

Prime et Félicien. -- Trois paires de corps : à Toscanella, à Agen et à Stein en Carniole.

Prix. -- Premier corps à Venise; deuxième disséminé dans diverses églises parisiennes et un troisième au monastère de Flavigny.

Prote. -- Saint eunuque ; premier corps à Saint-Jean-de-Florentin de Rome; deuxième à Selgenstad et troisième à Como dans le Milanais.

Pudentiane. --- Trois corps : à Châtillon-sur-Seine, à Bologne et à Prague.

Q

Quirin. -- Quatre corps : 1° à Sainte-Marie-*in-Transtevere* de Rome; 2° à Milan; 3° à Aquilée; 4° à Frisingeu en Bavière.

R

Radegonde. --- Sixième femme de Clotaire Ier; un corps à Poitiers et un autre à Quinçay à deux lieues de Poitiers, sans préjudice d'un troisième qui fut brûlé deux fois par les Normands et les protestants, et qui doit s'être retrouvé depuis.

Reluc. — Deux corps à Osnabruck et à Flavigny.

Rois-Mages. — Ces trois rois furent enterrés en Perse ou en Arabie ; néanmoins leurs corps sont aussi à Cologne et à Montferrat.

Rose. — Deux corps, un à Lima et un à Viterbe

S

Salomé. — Mère de Saint-Jacques et de Saint-Jean ; un corps à Jérusalem, un autre aux Saintes-Maries en Provence.

Samson. — Abbé de Dol en Bretagne, au sixième siècle ; — un demi-corps à Orléans ; un demi-corps à Dol ; troisième demi-corps à Paris.

Saturnin. — Martyr de Rome, où il a laissé un corps ; un second est à Pavie ; un troisième à Paris ; un quatrième à Cagliari et un cinquième à Toulouse.

Scholastique. — Un corps au Mans ; un second au Mont-Cassin ; et des morceaux dépareillés à Anvers, Saint-Hubert-des-Ardennes, Luxembourg, Juvigny, Cologne, etc.

Sébastien. — Premier corps à Saint-Sébastien-de-Rome ; deuxième à Soissons ; troisième à Piligny près Nantes ; quatrième à Narbonne ; cinquième tête à Toulouse ; sixième cervelle à Angers ; neuvième bras à Toulouse ; dixième bras à la Case-Dieu en Auvergne ; onzième bras à Montbrison ; douzième bras à Avignon ; des morceaux divers à Séville, Malaga, Compostelle, Prague, Munich, Brunswick, Cologne, Paris, Trèves, Sens, Troyes, Beauvais, Tournay, Aix, Bruxelles, Marseille, etc., etc.

Servais. — Un corps à Maëstricht ; un second à Quedlimbourg ; une troisième tête à Goslar ; quatrième mâchoire à Rome.

Sigismond. — Cinq corps : 1· à Prague ; 2· à Imola ; 3· à Milan ; 4· à Cahors ; 5· à Montferrat.

Silvestre. — Un corps à Rome, un autre à Compostelle.

Siméon. — Un corps à Venise ; deuxième tête à Paris ; troisième bras à Saint-Denis.

Siméon, évêque de Jérusalem. — Quatre corps : à Bologne, Bruxelles, Brindes, et Torre-Laguna.

Siméon-Stylite. — Un corps à Antioche, un autre à Constantinople.

Simon, l'apôtre. — Premier corps dans un faubourg de Constantinople ; deuxième corps en Angleterre ; troisième corps à Rome ; quatrième corps à Toulouse ; cinquième tête à la Sauve-Majeure près Bordeaux ; sixième mâchoire et neuvième bras à Cologne.

Soter. — Pape du deuxième siècle ; deux corps à Rome et à Tolède.

Sotère. — Vierge et martyre ; 1er corps à St-Sylvestre de Rome ; deuxième à Madrid ; troisième à Dordrecht.

Suaire. — Le saint Suaire du Sauveur est : 1· à Turin ; 2· à Besançon ; 3· à Gênes ; 4· à Compiègne ; 5· à Cadouin ; 6· à St-Jean-de-Latran de Rome ; 7· à Ste-Marie-Majeure de Rome ; 8· à St-Pierre au Vatican ; 9· dans l'Andalousie ; 10· à Enxobregas près Lisbonne ; 11· à Milan ; 12· à Cahors ; 13· à Mayence ; 14· à Clermont ; 15· à Arles, etc., etc.

Sulpice. — Un corps à Bourges ; deuxième tête à Villefranche ; troisième bras à Saint-Sulpice de Paris.

Suzanne. — Vierge du troisième siècle ; deux corps à Rome et à Compostelle.

Symphorose. — Martyrisée avec ses sept fils ; les huit corps sont : 1· à Tivoli, 2· à Saint-Michel de Rome ; soit seize corps.

T

Thècle. — Vierge martyre; un corps à Milan; un second à Chamalières en Auvergne ; un troisième à Chartres; un quatrième à Tarragone; un neuvième bras à Prague.

Théodore. — Un corps à Méraclée; un autre à Venise; un troisième à Brindes ; un quatrième à Chartres ; une cinquième tête à Molesme ; une sixième à Gaëte ; des morceaux détachés à Rome, Cologne, St-Denis, Cambrai, etc.

Théodosie. — Un corps entier à Constantinople; un autre à Moscou ; un troisième à Montierender en Champagne et des demi-corps à Liége, Bologne, etc.

Thierry. — Un corps à Saint-Thierry de Reims et un à Trèves.

Thomas l'apôtre. — Un corps à Edesse et un autre à Méliapour.

Thomas de Cantorbéry. — Un corps complet à Cantorbéry, une deuxième tête à Rome.

Thyrse. — Trois corps : à Constantinople, à Limoges et à Oviedo.

Tiburce, Maxime et Valérien. — Trois corps: à Sainte-Cécile de Rome, trois autres à Mayence, trois encore à Lucques, trois derniers à Châlons-sur-Marne ; neuvième bras de Tiburce à Bologne, neuvième bras du Valérien dans la même ville.

Timothée. — Un corps à Rome, un corps à Minder, en Basse-Saxe.

Tropez, martyr. — Un corps à Saint-Tropez, dans le Var, un second en Portugal et une troisième tête aux minimes de Pise.

Tugal. — Evêque bas-breton, dont le premier corps fut brûlé par les Normands, eut deux autres corps brûlés par les huguenots à Laval et à Château-

Landon, ce qui ne l'empêche pas d'être encore : 1°
à Tréguier ; 2° à Laval ; 3o à Chartres.

U

Urbain. — Premier corps à Rome dans l'église
Ste-Cécile ; deuxième corps à St-Urbain, près Cha-
lons-sur-Marne.

Ursin. — Evêque de Bourges, où il a son premier
corps ; il en a un second à Lisieux.

V

Valentin. — Un corps entier à Rome, un second
à Bologne, un troisième à Melun ; des bras détachés
à Macerata, Ancône, Saint-Denis de Mons, l'Escurial, etc.

Valère. — Deux corps : à Soissons et Bologne ;
troisième crâne à Anvers.

Valeri. — Un corps à Saint-Valeri, à l'embou-
chure de la Somme, et un autre à Turin.

Venant. — Deux corps, un à Saint-Martin de
Tours, un à Saint-Germain-des-Prés de Paris.

Véronique. — Le mouchoir dont sainte Véronique essuyà le visage du Sauveur et sur lequel il laissa
son image est : 1° à Rome; 2° à Paris; 3° à Laon; 4° à
Jaen dans l'Andalousie.

Victoire. — Premier corps à Monte-Léone;
deuxième à Plaisance; troisième au couvent des Fil-
les-Dieu de Paris.

Victor. — Un corps entier à Marseille; deuxième
tête à Sens; troisième crâne à Saint-Victor de Paris;
il y a aussi un corps complet à Saint-Pancrace de
Rome.

Victor-le-Maure. — Saint nègre dont le corps
est à Milan et à Volterre.

Vincent. — Un corps à Lisbonne ; un second à Paris; un troisième à Rome; un quatrième à Metz; — une cinquième tête au Mans; une sixième à Saint-Anastase de Rome; une septième dans la même ville, à l'église Ste-Croix de Jérusalem; un neuvième bras au Mont-aux-Malades en Normandie ; et divers morceaux à Poitiers, Tournay, Bruxelles, Mayence, Prague, etc.

Vit. — Un corps à Solignano, un second en Westphalie à la Nouvelle-Colline; un troisième à Salzbourg.

W

Waast. — Un corps à Saint-Waast d'Arras; deuxième tête à Lisbonne.

Walburge. — Abbesse de Heidenheim où l'on a son corps sans préjudice d'un second corps qui est à Prague et d'un troisième qui est à Ypres.

Wandrille. — Deux corps : à Gand et à Abbeville.

Wulfran. — Deux corps, également à Abbeville et à Gand.

X

Xiste II. — Un corps à Rome; une seconde tête et deux autres bras à la Chartreuse de Pestel en Touraine.

Y

Yves. — Un corps à Trégnier ; un demi-corps à Saint-Yves de Rome.

Z

Zenon. — Un corps à Vérone; un second à Ulm; un troisième à Rome dans l'église Saint-Paul-des-trois-Fontaines.

LÉO TAXIL ET ALFRED PAULON.

FIN DES FRIPONNERIES RELIGIEUSES

LE PARADIS A L'ENVERS

Négligé, s'ennuyant à périr, le bon Dieu (père) un beau matin, s'avisa de faire une excursion en dehors du paradis où tout le monde dormait encore du sommeil du juste.

Afin d'être moins remarqué, il laissa son auréole à pointes multiples, enrichies de diamants et de bimbeloteries, son auréole de parade qui pèse un poids du diable ; il se contenta d'une simple auréole de malheureux bienheureux, presque dédorée et dépourvue de prestige.

Saint Pierre dormait encore. Le bon Dieu (père) se tira lui-même le cordon et se sauva à petit bruit, tout comme s'il venait de voler un pain.

Il cheminait cahin-caha, en vieux bonhomme qu'il est, quand, au tournant d'un nuage, il se trouva vis-à-vis d'un individu dont la mise n'inspirait pas confiance. Le bon Dieu, croyant à une attaque mainale, regretta de ne pas avoir emporté sa foudre, mais il fut vite tranquillisé.

Le quidam, tout hâve et déguenillé qu'il est, possède une physionomie bonasse. Un vieux restant de soutane, une tonsure encore visible, désignent un des adeptes du goupillon. Par quel concours de circonstances ce ministre des autels se trouve-t-il en état de vagabondage ? Décidément, pensa le bon Dieu, ma police est bien mal faite.

L'ecclésiastique était là grelottant, transi par la buée du nuage qui lui avait servi de gîte. « Qu'est-ce que vous... faites là ? » lui dit le bon Dieu, sans dévoiler son incognito.

Le quidam répondit :

— « Je suis un malheureux prêtre échappé du purgatoire où l'on m'a enfermé par méprise. Je cherche un moyen de m'introduire dans le paradis. »

— « Enfermé par méprise, cela vous plaît à dire. »

— « Je vous jure, mon frère, que rien n'est plus vrai. A l'article de la mort, je me suis confessé à un confrère. Mais là, vous savez, une vraie confession qui a duré un bon bout de temps. Ensuite j'ai reçu les sacrements, tout ce qu'on fait de meilleur. J'étais donc en règle. Malheureusement, au moment de la mise du cercueil dans le corbillard, ces scélérats de croque-morts, qui étaient pleins comme des huîtres, ont commis une erreur qui m'a été fatale ; ils se sont trompés de cercueil ; il y avait un autre enterrement à côté de chez moi, l'enterrement d'un ignoble libre-penseur, un cordonnier ; c'est le cercueil de ce voisin maudit qui a été emballé, au lieu du mien, dans la boîte de mon corbillard panaché. Et tandis que l'impie usurpait, grâce à cette confusion, ma messe mortuaire, mes cierges, mon *Dies iræ*, mon *De profundis*, moi, un prêtre, on me gratifiait de funérailles purement civiles, suivies de discours incendiaires prononcés sur ma tombe. J'ignore ce qu'est devenu cet infâme savetier; mais, pour ma part, je n'ai dû qu'à mon scapulaire de ne pas être enfourné directement en enfer. — On m'a mis provisoirement au purgatoire en attendant l'enquête. Il faut croire que l'administration de l'endroit n'est pas pressée, car voilà quelques années que l'enquête est ouverte; malin qui dira quand elle sera fermée. Pour ce qui est de la suite, on m'a plongé dans une marmite où j'ai mijoté en tiers avec deux compagnons jusqu'au moment où j'ai pu me sauver. Je me permettrais, même, une petite critique à ce sujet.

» Dans un établissement d'utilité publique, qui a la prétention d'être bien tenu, comme le purgatoire, on devrait, au moins, jouir d'une marmite individuelle; — cela se fait dans les moindres établissements de bains chauds. C'est une intimité par trop grande que de mêler son bouillon à celui de deux personnes dont le goût ne sympathise pas avec le vôtre. Ajoutez que mon ex-marmite n'a pas été étamée depuis des temps immémoriaux, de sorte que nous nous attachions à tour de rôle et que nous empestions le brûlé. »

— « Ce sont des désordres auxquels je verrai à remédier. Mais, voyons, mon garçon, je suis le bon Dieu (père). As-tu des papiers qui me prouvent la vérité de ton dire ? »

— « Ah ! seigneur, je me prosterne... »

— « Tu te prosterneras tout à l'heure. Montre d'abord tes papiers. »

— « Voici une note des pompes funèbres payée à l'avance par mes héritiers; une attestation en bonne et due forme de Monseigneur l'évêque et des reçus du denier de Saint-Pierre prouvant que j'ai fermement travaillé à votre vigne, ô Seigneur. »

— « Ma vigne, ma vigne ! C'est le Saint-Père qui en boit le jus. On voit que tes papiers ont bouilli avec toi, ils ne sont guère lisibles. Enfin, n'importe, tu es en règle, viens avec moi, je vais te faire entrer au paradis sans contre-marque. »

Et le bon Dieu, tout en interrogeant son compagnon sur le catéchisme, regagna, clopinant, la porte de vermeil que saint Pierre venait d'entr'ouvrir tout en bâillant de sommeil. Il salua le bon Dieu assez poliment, mais, à l'aspect de son acolyte, il ne put s'empêcher de lui dire :

— « Ce n'est pas pour vous faire un reproche, Seigneur ! mais, depuis quelque temps, vous fréquentez de la jolie fripouille. »

Le bon Dieu (père), scandalisé au plus haut point, l'interpella vertement.

— « Saint Pierre, mon ami, tu deviens bien dédaigneux, tu n'étais pas si fier dans le temps, alors que tu étais simple pêcheur et que tu te promenais sans culottes, montrant ce qui s'ensuit aux passants, ce qui n'est pas décent, surtout pour un pilier de l'Église. Voici déjà longtemps que je me demande si je ne te flanquerai pas tes huit jours ; au train dont tu marches, ça ne va pas tarder. Mais laissons cette question. Fais-moi l'amitié de vérifier sur ton livre d'entrée, à la date que va te donner ce brave homme, si un cordonnier n'a pas pénétré au paradis. »

Et saint Pierre, un peu démonté, obtempéra. Il feuillette son livre. — « Voilà, Polyte Lichetout. »

— « Il faut me jeter ce pas grand'chose à la porte, s'écrie le Très-Haut. »

— « Nous allons le trouver facilement, réplique le saint pipelet, saint Crépin l'a embauché dans sa boutique. »

Et le groupe se dirige vers la boutique de saint Crépin.

Plus matineux que la foule des élus, saint Crépin et ses aides sont au travail ; ils ont accroché leurs auréoles à des clous, afin d'être plus alertes. Lichetout, le nez-rouge, un litre entre les jambes, s'escrime sur une chaussure.

Tandis que saint Crépin étonné fait accueil à cette haute société, Lichetout guigne la longue barbe du Père Éternel.

— « Il n'a donc pas quatre sous pour se faire raser, celui-là ! »

— « Vas-tu te taire, malheureux, dit tout bas saint Crépin, c'est le père bon Dieu. »

— « Mazette, rien que ça de luxe ! Vient-il pour qu'on lui prenne mesure d'une paire de godillots ? Pour des pieds de longueur comme les siens, il va falloir tuer un veau. »

Le bon Dieu (père), étourdi de cet aplomb, ne pouvait trouver une syllabe.

— « Ah ! gredin, reprit-il, enfin, je vais t'envoyer faire des ressemelages en enfer. Tu ne te contentes pas d'avoir vécu, d'être mort comme un chien, tu usurpes la place de ce brave serviteur qui s'est exténué à cultiver ma vigne ? Si j'avais ma foudre, tu serais déjà en capilotade.

Crépin répondit vivement : « Un instant, Majesté Adorable, vous n'allez pas m'enlever mon meilleur ouvrier. Tous les chérubins que l'on me donne comme apprentis ne sont bons qu'à rapetasser des savates ; si vous chassez Polyte, je mets la clé sous la porte et je fais faillite. Vous figurez-vous que ce soit amusant d'avoir une cliente comme votre fille, votre mère, votre belle-sœur, je veux dire la Vierge Marie : on n'y comprend rien dans votre Trinité de malheur. Depuis qu'elle s'est mis en tête de vagabonder à droite et à gauche, je n'y peux plus suffire ; sans ce brave Lichetout, il y a beau jour que je l'aurais envoyée se faire... chausser ailleurs. »

À ce mot de Vierge Marie, le bon Dieu (père) était devenu coulant comme du Brie.

— « Et les principes, Crépin ; alors tu trépignes sur les principes ? »

— « On ne fait pas de bottines avec des principes. Au

surplus, je vais aller trouver la Vierge, et vous vous arrangerez avec saint Joseph. »

— « Tu sais bien que Joseph jouit d'un caractère exécrable. Nous allons nous disputer, et ces disputes nuisent à mon prestige. »

— « Je n'ai rien à y faire. »

— « Voyons ; au paradis, il y a d'autres cordonniers ? »

— « Oui, il y en a d'autres, du temps des Romains ; il ne sont pas au courant de la mode. »

— « Mon petit Crépin, prenons un biais, mais ne mettons pas Joseph là-dedans. Garde ta canaille d'ouvrier. Nous allons lui installer une petite échoppe, en dehors de la porte, contre le mur du paradis. »

— « Qu'en dit Lichetout ? »

— « Ça me botte. Dans votre paradis, ça empeste l'encens, cette odeur-là me fige sur le cœur. Pourvu que j'aie ma pipe et mes deux litres, je ne demande pas autre chose. Pour la peine, je fais une paire de jolis cocos neufs au vieux papa bon Dieu. Ce n'est ni sain, ni convenable pour un vieillard comme lui de circuler nu-pattes. »

Le bon Dieu fit semblant de ne pas entendre cette proposition alléchante. On procéda sur-le-champ à l'établissement de l'échoppe en question. Cette échoppe, bien claire, décorée d'images de sainteté, fut inaugurée sur l'heure, et on laissa Lichetout à ses occupations.

Saint Pierre, heureux de ce voisinage, s'en vint, par la suite, à se décharger de ses fonctions de portier. Il fit allonger son cordon, et, tandis qu'il bavardait dans le paradis, c'est Lichetout qui ouvrait. Tout bienheureux dont la tête ne plaisait pas au cordonnier se voyait chassé aussitôt. Par contre, les ivrognes, les noceurs, les bons vivants, hélas ! défunts, trouvaient en Lichetout un frère qui les introduisait sur-le-champ.

Un pape, un général de jésuites, des cardinaux, des évêques, et tout un menu fretin de prêtres, de religieux, de nonnes, de tartuffes et de dévots de toute taille et de tout poil furent contraints, devant porte close, de vagabonder autour des célestes murs, et furent ramassés par la gendarmerie, non moins céleste (colonel saint Michel). La bande entière fut déportée provisoirement dans l'enceinte fortifiée du purgatoire, malgré les réclamations. Il y sont internés, en attendant que le gouvernement de là-haut décrète une amnistie sincère, ce qui n'est pas dans ses habitudes.

En compensation, les musulmans, les bouddhistes, les infidèles de diverses catégories, les schismatiques, les hérétiques entrent au paradis comme au moulin. Une troupe de Zoulous y a fait son apparition. Quant aux libres-penseurs, ils sont comme chez eux.

Ces intrusions ont jeté un peu de variété et surtout de gaîté dans la masse des élus. On rit, on batifole ; les cantiques sont délaissés pour « la Mère Godichon ». La rigueur des mœurs baisse à vue d'œil. Des onze mille vierges, par exemple, c'est tout au plus s'il en reste une douzaine qui puissent se targuer de ce titre; encore sont-ce les vieilles. On danse des quadrilles dont les municipalités terrestres s'effaroucheraient.

Ça n'en va pas plus mal. Les saints du vieux jeu grognent tout haut, on n'en prend nul compte. La jeunesse est pour les nouveaux venus. Le bon Dieu (père) qu'on tient, depuis des siècles, au régime des sermons, des mandements et autres em... bêtements, sent sa bonne humeur renaître à vue d'œil.

Les intransigeants du paradis n'ont qu'à se bien observer; je ne leur conseille pas de continuer leur rôle d'empêcheurs de danser en rond. Le bon Dieu a plein le dos de leurs mines hypocrites et de leur caractère pointu; pour un rien, il enverra promener cette vieille guenille qui pue l'ennui et l'intolérance; il fera un coup d'État et proclamera la laïcisation du paradis.

G. MOYNET.

LA MESSE DU PÈRE BADINGUE

Chanson à propos des messes bonapartistes dites chaque année le 9 janvier en l'honneur de l'anniversaire de la mort de l'ex-empereur et pour le repos de son âme.

AIR :

Hommes noirs, d'où sortez-vous? de Béranger.

I

De Badinguet les mouchards,
Unis à la cléricaille,
Au Roi des capitulards
Font leur prière canaille.
L'heure de la messe a sonné. Passez,
Laquais, chambellans, chasseurs, grooms, bassets !...
Chapeaux bas, d'abord, valetaille,

Devant les martyrs qu'il assassina,
Bourreaux, halte-là,
Avant d'entrer là,
A genoux d'abord devant ces morts-là ! } *bis*

II

Selon le rite sacré,
A défaut d'autre relique,
Le catafalque est paré
D'un aigle cléricolique.
Mille abeilles d'or, lumineux essaim,
Sont pour rappeler cet infect roussin
Dont l'œil louche au regard oblique
Pointa le canon qui nous mitrailla.
Bourreaux, halte-là,
Avant d'entrer là,
A genoux d'abord devant ces morts-là ! } *bis*

III

Entrez, le front découvert,
Sous la nef, ardente chambre ;
Pensez au César-Javert
Embaumé de musc et d'ambre.
Avant de venir dire un *in-pace*
Pour le long repos du saint trépassé,
Souvenez-vous du Deux-Décembre,
Du sang qu'il versa, de l'or qu'il pilla,
Bourreaux, halte-là,
Avant d'entrer là,
A genoux d'abord devant ces morts-là ! } *bis*

IV

Sous le dais tendu de noir
Où Loyola pleure et prie,
Faites fumer l'encensoir,
La boutonnière fleurie.
Prélats gorgés d'or, le front incliné,
Chantez : *Requiem dona, Domine.*
Saint-Aubin, La Ricamarie,
Vous montrent le plomb dont il les cribla !
Bourreaux, halte-là,
Avant d'entrer là,
A genoux d'abord devant ces morts-là ! } *bis*

V

Il dort sous les chapiteaux
D'un très-lointain sanctuaire ;
Poignards, masques et manteaux
Lui font un digne suaire,
Vous qu'il fit les saints de son paradis,
Ouvrez-lui le ciel d'un *De Profundis*
Avant, contemplez l'ossuaire
Dont Sedan couvrit le champ d'Attila.
Bourreaux, halte-là,
Avant d'entrer là, } *bis*
A genoux d'abord devant ces morts-là !

VI

Afin que l'illustre mort,
Sans être exclu de l'histoire,
Puisse dormir sans remord,
Tirez-le du purgatoire ;
Marmottez tout bas un verset latin ;
Passez un plat d'or, de cuivre ou d'étain.
Ah ! pour Bazaine quel déboire
De mettre au bassin l'or de Puébla !
Bourreaux, halte-là.
Avant d'entrer là, } *bis*
A genoux d'abord devant ces morts-là !

VII

Quel recueillement profond !
Chacun prie ou bien sommeille ;
On entendrait au plafond
Voler la mouche ou l'abeille.
Alguazils vendus, sauvez d'un *Pater*
L'ex-policeman qui vous fut si cher.
Cayenne-Sépulcre réveille
Ses morts qu'un chacal horrible étrangla.
Bourreaux, halte-là,
Avant d'entrer là, } *bi*
A genoux d'abord devant ces morts-là !

VIII

Devant l'autel sépulcral,
Pleurez ! nul ne s'y refuse ;

De votre point lacrymal
Lâchez la sensible écluse,
Traversez la Blanche ! allez donc ! léchez
Ses pieds corrompus, ses doigts desséchés !
Baudin, Victor Noir, Delescluze,
Vous montrent la place où leur sang coula.
Bourreaux, halte-là,
Avant d'entrer là,
A genoux d'abord devant ces morts-là !   } bis

IX

Un sacristain renommé
Vient et mouche les flamberges ;
En l'honneur de l'embaumé,
Déposez violettes, cierges,
Faites à Plon-Plon, lâche majesté,
Vos civilités de servilité...
Alsace et Lorraine, ô vierges !
Découvrez le fer qui vous immola.
Bourreaux, halte-là !
Ne sortez de là !
A genoux devant ces deux saintes-là !   } bis

E. C.

LES TROIS MARIS D'UNE VIERGE INCESTUEUSE

Malgré l'incrédulité que je professe à l'égard des religions en général et du catholicisme en particulier, ma raillerie n'a jamais effleuré la mère du Christ. C'est, au contraire, avec un respect attendri que j'évoque la mémoire de cette douce Marie, adorable symbole de la réhabilitation de la femme, de la sainteté de son rôle dans la grande famille humaine et de la maternité dans ce qu'elle a de grand, de sublime, de divin.

Il était réservé aux cléricaux de souiller cette pure image, en s'étendant, avec une complaisance lubrique, sur les mystères d'un dogme que je ne veux pas qualifier, de peur d'être accusé d'outrage à une religion reconnue par l'Etat. Car, enfin, nous en sommes encore là à la fin du dix-neuvième siècle; l'Etat, qui ne garantit pas les brevets d'invention, adopte en bloc un tas de croyances dont je suis bien sûr que chacun des hommes qui le composent rit, individuellement, à s'en faire éclater le portefeuille.

Je voudrais bien savoir, par exemple, ce que pense « l'Etat » d'un ouvrage très-luxueusement illustré, ayant pour titre : *La vierge Marie*, par l'abbé Maynard, chanoine de Poitiers. Pour ma part, je déclare, que, si j'avais une fille, j'aimerais autant lui voir lire *Mademoiselle Giraud ma femme* que le livre de M. Maynard. Comme obscénité, l'un vaut l'autre.

L'auteur de *la Vierge Marie* nous dit, entre autres jolies choses, que, pendant la nuit du 23 mars, Gabriel se présenta à la future mère du Christ « sous les traits d'un adolescent revêtu de beauté et de lumière »; car, dit-il plus loin, « Marie devant concevoir dans son corps aussi bien que dans son âme, il était juste que ses sens extérieurs aussi bien qu'intérieurs fussent ranimés par la vision angélique. »

Palsambleu ! Monsieur le chanoine, que voilà une peinture égrillarde ! Remarquons d'abord que c'est le 23 mars que la jeune vierge reçut la visite du joli jeune homme répondant au nom de Gabriel. Or, du 23 mars à Noël, date de la naissance de Jésus, il y a tout juste neuf mois ; d'où il résulte que la collaboration mystique d'une vierge et d'un oiseau eut exactement les mêmes résultats que s'il se fût agi d'une honnête bourgeoise couchant prosaïquement avec son légitime. C'était bien la peine de plagier Léda, avec cette différence que le cygne de la mythologique beauté était remplacé par un volatile de plus petite taille !

Au fait, est-il bien certain que Marie ait été fécondée par le Saint-Esprit sous les traits d'un pigeon ? M. Maynard n'en paraît pas convaincu. D'après cet étonnant historien, Gabriel, après avoir « ranimé les sens intérieurs et extérieurs de la Vierge » (comme en termes galants ces choses-là sont dites !) lui demanda si elle voulait devenir la mère d'un Dieu. La jeune fille eut un moment d'hésitation, et franchement, je comprends cela. Supposez, Mesdemoiselles, qu'un adolescent « revêtu de beauté et de lumière », vienne vous demander à brûle-pourpoint : « Voulez-vous être la mère de Dieu ? » A moins d'être de petites dévergondées, il est évident que vous ne vous jetterez pas immédiatement dans les bras de ce lumineux jeune homme en lui criant : « Oh ! oui, Ernest. »

Donc, Marie hésita : il est vrai qu'elle était dans une situation peu propre à enfanter de saines réflexions, car — dit l'abbé Maynard — « elle tenait suspendue à ses lèvres la Trinité, qui attendait, de sa bouche, un *fiat* créateur ». Aussi répondit-elle par un « oui » timide à la question un peu indiscrète de Gabriel. Aussitôt... mais je ne veux pas déflorer, par le moindre changement, l'éloquent récit du bon chanoine ; je cite textuellement :

« A peine Marie avait-elle dit son *Fiat*, que les cieux
» fermés s'ouvraient pour pleuvoir leur rosée ; que
» Dieu lâchait cours à ses grâces et les laissait entrer,
» à flots précipités, dans la Vierge plus méritante par
» son seul consentement que Dieu lui-même. »

Hein ! qu'en dites-vous ? Essayez un peu de dégager cette phrase du mysticisme alambiqué dont elle est entortillée, et voyez s'il n'y a pas de quoi faire rougir jusqu'au casque d'un colonel de dragons.

Le livre de l'abbé Maynard — je dois lui rendre cette justice — n'est pas obscène d'un bout à l'autre ; il contient des pages simplement grotesques ; d'autres, enfin, joignent la niaiserie à la lubricité. Bref, il y en a pour tous les goûts — excepté pour le bon.

Quelqu'un qui n'a pas lieu d'être mécontent du

pieux écrivain, c'est Joseph, l'époux *in partibus* de Marie. On avait toujours représenté ce malheureux charpentier comme un vieillard à longue barbe grise ; le chanoine de Poitiers en fait un homme de 40 ans au plus, et le déclare d'une beauté peu commune. Il flatte, en outre, son amour-propre d'époux, en affirmant qu'à tout prendre, il a bien été le père de Jésus. En effet, dit-il, « Joseph a contribué, non pas à la première formation, mais au développement successif de la chair de Jésus... Il y a de la sueur de Joseph dans l'eau qui sortit du cœur de Jésus sous la lance des soldats ». — Que dites-vous de cet eau qui sort d'un cœur, et qui contient de la sueur ? A mon avis, n'en déplaise au chanoine, c'est là du pur galimatias.

Je passe rapidement sur le portrait de Marie qui, d'après M. Maynard avait les narines dilatées, les cheveux blonds, les sourcils bruns et les yeux d'une teinte où se fondaient le bleu tendre et le vert pâle. Je me demande seulement comment l'abbé s'y est pris pour se procurer des renseignements aussi précis.

Ce qu'il y a peut-être de plus beau dans son œuvre, c'est le passage traitant de la parenté de la Vierge avec les diverses personnes de la Trinité. Je cite encore textuellement : « Marie, fille du Père, est aussi son épouse par leur commun fils ; mère du fils, elle est encore sa sœur, puisqu'ils ont le même père ; elle est, de plus, son épouse, car ils ont enfanté ensemble l'Eglise, ce qui ne l'empêche pas d'être aussi l'épouse du Saint-Esprit, qui l'a rendue mère de Jésus. »

Voilà donc une Vierge qui a trois maris, sans compter Joseph ; elle est, à la fois, la femme de son père ; de son fils, qui est en même temps son frère, et enfin du Saint-Esprit ! Faut-il être assez complétement dénué de sens moral pour concevoir de pareilles énormités ! Mais que dis-je ? Entre le sens moral et le cléricalisme, il existe un abîme que rien ne peut combler. Le livre de M. le chanoine Maynard en est une des innombrables démonstrations.

MAX HUBERT.

UNE SACRÉE INVENTION

Il ne s'agit pas de celle de la Sainte-Croix. *L'Anti-Clérical* a déjà parlé de cela ; mais nous nous en voudrions de laisser nos lecteurs dans l'ignorance d'un produit industriel qui peut leur rendre un jour de grands services, s'ils se destinent à rentrer dans les ordres.

Cela dit, entrons nous-même dans notre sujet.

Des bandagistes du boulevard Sébastopol, à Paris, MM. D... et fils, font distribuer dans la rue de petits livrets-catalogues, à la page 13 desquels on trouve ceci :

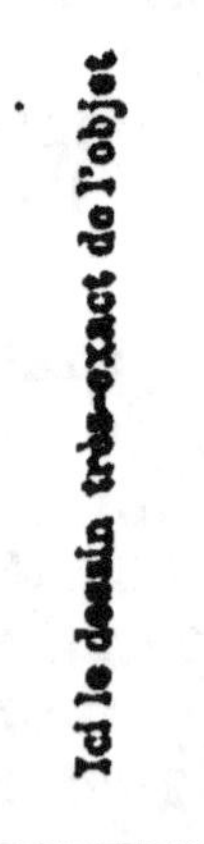

URINAL SPÉCIAL
POUR LES ECCLÉSIASTIQUES
ne dépassant pas la jarretière

« Excellent par sa forme et sa souplesse, il est appelé à rendre un immense service aux prêtres qui ne peuvent abandonner l'autel ou le confessionnal.

Prix réduit : 25 francs.

» Tous les appareils qui dépassent la dimension ordinaire coûtent 5 francs en plus.

» La longueur des ceintures n'augmente pas le prix. »

*
* *

Les « ecclésiastiques ne dépassant pas la jarretière », c'est assez rare.. Mais ne soyons pas trop chicanier pour le style de Messieurs D. et fils, eu égard à leur bonne intention.

Donc ils ont trouvé un urinal devant servir exclusivement à Messieurs les ecclésiastiques. Nous espérons tout au moins qu'ils ont fait bénir leur invention en en prenant le brevet s. g. d. g.

Pour notre part, nous sommes heureux au possible de l'idée splendide qui est venue à ces Messieurs.

Au moins, désormais, quand une demoiselle viendra se confesser pour faire ses Pâques, et en aura gros sur le cœur, Messieurs leurs directeurs spirituels affligés d'une chaste incontinence d'urine n'auront plus besoin de lever vers leurs pénitentes deux doigts suppliants, comme nous faisions au bahut, et comme ils faisaient sans doute eux-même au séminaire. Ils pourront écouter les confidences, donner leurs conseils paternels, leurs pénitences et leurs absolutions, tout en se livrant à un doux épanchement qui n'aura rien de commun avec celui des pénitentes susdites.

Et même, quand leur urinal sera plein *rasibus*, ils pourront très-bien dire :

— « Ma fille, pour pénitence, vous allez vider ceci à la sacristie !... »

Ce sera une pénitence plus sérieuse que celles qui consistent à dire trois *Pater* et six *Ave* le soir avant de s'endormir.

De même, pendant les offices : les prêtres pourront dire la grand'messe et écouter les pères Didon les plus loquaces sans souffrir comme au temps jadis.

*
* *

Et puis, cet urinal « ne dépassant pas la jarretière » — car c'est à lui que s'applique le sous-titre, et non aux ecclésiastiques, comme nous avions la mauvaise foi de l'insinuer tout à l'heure, — comme c'est trouvé !

Au moment de l'élévation, vous, l'officiant, vous aurez la facilité de vous agenouiller sans crainte de faire chavirer le récipient, ce qui arriverait infailliblement s'il dépassait vos genoux et exposerait l'enfant de chœur servant à vous dénoncer à vos supérieurs comme emportant subrepticement chez vous le vin blanc des autels pour le faire licher à vos amis.

Ce qui serait une erreur d'autant plus regrettable qu'elle serait double.

Il y a cependant une chose qui nous chiffonne : pourquoi les appareils « dépassant la dimension ordinaire » coûtent-ils 5 francs de plus ? Il y a là une injustice criante.

D'abord, quelle est-elle, cette dimension ordinaire ?

Ensuite, pourquoi faut-il que ces Messieurs abbés, plus colossalement bâtis que le commun des martyrs leurs confrères, paient davantage ?

Est-ce leur faute, à ces braves gens ?

Nous espérons néanmoins que les prêtres, trop fortement constitués, ne se retiendront pas (sans jeu de mots cruel), devant cette bagatelle de cent sous. Ce serait dommage, au reste. Car, voyez-vous, ça n'a l'air de rien au premier abord, cette invention prodigieuse ; mais on n'a pas idée des immences services qu'elle est appelée à rendre à la religion en même temps qu'à ses ministres. Nous nous expliquons :

Tout d'abord les libres-piss... pardon ! libres-penseurs, toujours prêts à rigoler de tout comme des imbéciles, iront à l'église rien que pour essayer de surprendre sous les soutanes des saints abbés un ballottement révélateur.

Ils s'ébaubiront en voyant l'officiant vénérable rester plus longtemps dans la même position que ne l'exigerait le Rituel à certains moments, et ils se diront *in petto* : « Toi, mon bonhomme, pour l'instant tu ne dis pas ton *per omnia sœcula sœculorum* : tu fais pipi ! »

Ils iront se confesser dans le but unique d'entendre un glou-glou-glou indiscret ; et s'en amuseront en commençant. Mais, peu à peu, séduits par les arguments sérieux des prédicateurs, enthousiasmés par la grandeur des cérémonies du culte, touchés par les conseils paternels que leur donneront leurs confesseurs *urinalisés*, ils se convertiront pour la plus grande gloire de l'Eglise.

Enfin, dans la rue, les abbés pudibonds qui, souvent, n'osaient pas s'approcher des vespasiennes mises à la disposition du public, dans la crainte du ridicule, ne souffriront plus comme ils le faisaient jadis, en offrant leur douleur à la Madone de Lourdes.

Maintenant, une idée !

Pourquoi Messieurs les ecclésiastiques seraient-ils seuls à bénéficier de l'urinal en question ?

Les fidèles étant obligés d'assister aux mêmes offices et d'entendre les mêmes sermons, pourquoi n'y aurait-il pas, dans les temples catholiques, des loueuses d'urinaux spéciaux, comme il y a des loueuses de chaises ?

Il y a dans notre idée une source de revenus tout trouvés pour l'Eglise.

*
**

Pour aider à faire prendre cette mode utile, les prêtres pourraient fort bien, par reconnaissance, faire un bout de réclame à MM. D... et fils, qui leur ont rendu un aussi grand service. Pour cela, il suffirait d'entonner, aussitôt après le prêche, ou à la place du *Domine, salcam fac Rempublicam*, qui leur écorche tant la bouche, le petit refrain suivant qui aurait, en tout cas, l'avantage d'égayer un tantinet la cérémonie :

> Pour vingt-cinq francs,
> Pour vingt-cinq francs,
> Pour vingt-cinq... ou bien trente,
> On s' paie un urinal
> Dans son confessionnal !...

Espérons que l'on n'y manquera pas !

ALFRED PAULON.

LA COMMUNION DIFFICILE

Une femme portant sur ses bras un enfant
Agé de dix-huit mois à peine,
De la Sainte-Table approchant,
Communiait, l'autre semaine.
— Tout allait bien, et le curé
Disait les quatre mots du discours consacré

Et présentait l'Eucharistie...
Quand, se mettant de la partie,
Le moutard avança la main,
Croyant voir une friandise
Dans le Sauveur du genre humain.
— Le pasteur, patient comme on l'est à l'église,
Sans perdre un seul instant sa présence d'esprit,
Repoussa doucement la menotte, et reprit :
« *Corpus Domini...* » Mais — coupable gourmandise ! —
L'enfant, au même endroit, l'interrompit encor !
— Coupable gourmandise, ai-je dit, c'est un tort,
Car le pauvre innocent agissait sans malice. —
Le ministre chrétien, pour la troisième fois,
Se remit en devoir de remplir son office,
Surveillant du regard le marmot, toutefois.
— C'était agir en homme sage,
Le bambin semblant, de nouveau,
Vouloir attraper au passage
Ce qu'il prenait pour un gâteau. —
Le digne prêtre à son cerveau
Demandait un bon stratagème :
Le cas était non moins pressant
Qu'embarrassant.
Il sut en sortir tout de même ;
Voici comment : — il répéta
Les quatre mots latins dont la vertu suprême
Ouvre le corps de l'homme à Dieu, puis écarta
L'enfant du geste, et présenta
L'hostie en murmurant : « Caca, petit, caca ! »

FRÈRE JEAN.

LE TONNERRE QUI DEVIENT ANTI-CLÉRICAL

La scène se passe sur la place publique de Valérie-les-Courges.

La receveuse des postes. — Que dites-vous de ce temps, Monsieur le curé! Jamais on n'avait vu des orages aussi terribles, aussi intenses. Vous avez bien fait de vous armer de votre parapluie, car ce n'est pas fini...

Le curé. — En effet, Mademoiselle de Timbreposte, le ciel est encore très-lourd, et il est à craindre...

La receveuse des postes. — A propos, vous avez dû apprendre la triste nouvelle ?

Le curé. — Quelle nouvelle ?

La receveuse des postes. — Voyons, Monsieur le curé, vous n'avez pas entendu parler de l'affreux malheur qui est arrivé au père Pancrace ?

Le curé. — Mais non, qu'est-ce que c'est ?

La receveuse des postes. — C'est épouvantable! Figurez-vous qu'hier matin le père Pancrace était aux champs avec sa petite fille, en train de lier des gerbes de blé, lorsque l'orage est arrivé. Sa petite fille, qui avait peur, voulait s'en aller, mais le père Pancrace lui dit d'attendre encore un instant, jusqu'à ce qu'il eût fini de botteler. Alors la petite fille se mit à genoux et pria tout haut le bon Dieu d'éloigner le tonnerre ...

Le curé. — Très-bien! voilà une petite fille élevée dans de bons sentiments !

La receveuse des postes. — Oui, mais, en attendant, voici ce qui s'est passé: tout à coup, la foudre éclate, et le père, en se retournant, voit sa fille étendue la face contre terre et immobile. Des voisins ainsi qu'un médecin accoururent, mais la mort avait été instantanée. Le feu du ciel avait tué raide la pauvre petite, au moment où, les mains jointes, elle invoquait la protection divine...

Le curé. — Mademoiselle de Timbreposte, permettez-moi de vous dire que cela ne doit pas être exact....

sieur le curé, vous ferez bien de placer un paratonnerre sur votre église, car, si votre théorie est exacte, vous ne pouvez manquer d'être parmi les premières victimes.

ALBÉRIC MORTREUIL.

LE SAINT-ESPRIT A MONACO

Il était une fois un prince et une princesse qui s'aimaient passionnément...

Cette histoire débute comme un conte de fées ; elle n'en est pas moins véridique, et la preuve, c'est que le prince et la princesse existent encore.

Seulement..... ils ne s'aiment plus.

Lui se nomme Albert-Honoré-Charles, duc de Valentinois ; sa principauté se compose d'une maison de jeu qu'on appelle Monaco.

Quant à la princesse, elle répond au doux nom de Marie — nom prédestiné, comme on le verra par la suite de ce récit. Son père était duc de Hamilton, Braddon et Châtellerault ; cette dernière ville est renommée pour sa coutellerie, dont elle est beaucoup plus fière que de son feu duc. Influence pernicieuse du progrès démocratique.

En 1869, Albert-Honoré-Charles épousa Marie de Hamilton ; les fiançailles eurent lieu au château de Saint-Cloud.

Le prince avait alors vingt ans ; la princesse en avait dix-huit.

Tous deux étaient jeunes, beaux, bien constitués. Ils avaient du cheveu, de l'œil et de la dent. En un mot, il ne leur manquait rien.

Et, cependant, leur union était marquée au sceau de la fatalité — *ananké* en grec, *guignon* en hébreu.

En pouvait-il être autrement ?... Elle se conclut sous les auspices et par les soins d'un père jésuite et de l'ignoble Badinguet !!!

Joli couple de parrains ! Un disciple de Loyola et le sinistre drôle que Marguerite Bellanger appelait tantôt « mon cher seigneur », tantôt « vieux porc-épic », suivant les circonstances.

N'ayant pas tous les jours l'occasion de commettre un crime, l'illustre Rouflarquette, pour se distraire, ne trouva rien de mieux que de se faire entremetteur. Il est étonnant que ç'ait été pour le bon motif, mais ça n'a peut-être pas été de sa faute. Il ne prévoyait probablement pas que les choses iraient jusqu'au conjungo, inclusivement.

Le mariage fut célébré. D'abord tout alla comme sur des roulettes (*sicut super roulettas*, dit l'Ecclésiaste). Les jeunes époux promenèrent leur lune de miel dans tous les hôtels garnis de France et de Navarre. A la table d'hôte, ils ne pouvaient pas même se passer le veau aux carottes ou les pommes de terre à l'huile sans échanger de tendres regards et des paroles non moins tendres. Il y avait dans les œillades qu'ils se décochaient mutuellement de telles flammes, que non-seulement ils s'embrasaient l'un l'autre, mais que, dépassant le but, ils incendiaient le cœur de tous les autres voyageurs.

Pour les gens mariés, il n'y avait pas de mal à cela : travailler à accroître la population de son pays est l'œuvre d'un bon citoyen... et d'une bonne citoyenne. Mais pour les autres !... Pour les célibataires !... Bast ! les tourtereaux enamourés pensaient bien à ces malheureux.

Ce qu'il y avait de plus grave, c'est qu'ils ne péchaient pas par ignorance. Toutes les fois qu'ils séjournaient plus de trois jours dans un hôtel, ils voyaient invariablement arriver le patron qui, avec beaucoup de périphrases, demandait si Leurs Altesses n'allaient pas bientôt lui faire l'honneur de quitter son établissement.

— Pourquoi cette question, bonhomme ? répondait le prince.

— Monseigneur, balbutiait l'aubergiste, daignez m'excuser, mais, voyez-vous, ici, le service est un peu dur, et toutes mes petites bonnes sont sur les dents.

Je pourrais raconter bien d'autres anecdotes non moins typiques et d'une égale authenticité : mais j'en ai dit assez pour montrer ce que fut ce mariage à ses débuts.

Quelque temps après, ce paradis devenait un enfer. Les époux n'échangeaient plus que des regards haineux, des paroles acerbes... On assure même qu'un jour la princesse appela son conjoint : « Sale bonapartiste ! » Ainsi !... Jusqu'à un pléonasme !

Enfin, la noble fille du coutelier... pardon, du duc de Châtellerault, eut avec elle-même, un entretien sérieux dans lequel elle n'eut pas de peine à se convaincre que « ça ne pouvait pas durer comme ça » Elle prit, en conséquence, un parti héroïque, son sac de nuit et le chemin de fer, et, à toutes les instances du prince pour lui faire réintégrer le domicile conjugal, elle répondait, sur le ton d'aristocratique fierté qui est le monopole des familles armoriées :

— Des patates !

Sur ces entrefaites, elle accoucha. Elle était enceinte de trois mois au moment de sa fugue, et tous ceux qui ont étudié l'histoire naturelle savent que le phénomène de la gestation se produit, chez les princesses, à peu près de la même façon que chez les marchandes à la toilette et autres bipèdes vivipares et mammifères.

Albert-Honoré-Charles, duc de Valentinois, en apprenant cette nouvelle, se sentit fier d'être papa, et tenta d'enlever le petit bonhomme à la procréation duquel il avait la certitude d'avoir collaboré.

> Combien de maris en ce monde
> Ne pourraient pas en dire autant !

— Par mon bon grattoir de Châtellerault ! jura la princesse Marie — toujours sur ce ton d'aristocratique fierté qui est le monopole, etc., je la trouve indigeste.

Et elle défèra son cas à notre ami Léon n° 13 (mauvais nombre.)

Celui-ci institua immédiatement un tribunal composé de cinq cardinaux.

— Messeigneurs, leur dit-il, la situation est tellement tendue qu'elle menace d'éclater, mais j'aime à croire que cinq *soupapes* suffiront pour empêcher l'explosion.

Après avoir beaucoup ri de ce trait d'esprit... pontifical, les juges vaticanards se firent présenter toutes les pièces du procès et les examinèrent à fond. Après un grand nombre d'interrogatoires très-minutieux sur un sujet tant soit peu délicat pour des frocards ayant fait vœu de chasteté, ils ont fini par accoucher d'une sentence dont voici le résumé fidèle :

« Attendu que l'indissolubilité du mariage est un principe
» reconnu par l'Eglise, mais que les lois ecclésiastiques sont
» faites pour les simples pékins et non pour les princes ;

» Attendu, cependant, que, si nous sommes des farceurs il
» ne nous convient pas de le crier sur les toits ;

» Considérant qu'un fils est né de l'union du prince et de la
» princesse de Monaco ;

» Que, si cette circonstance peut être invoquée par des
» libres-penseurs, comme preuve que le mariage a été con-
» sommé, cette prétendue preuve n'a aucune valeur à nos
yeux.

» Attendu, enfin, que si ce raisonnement est absurde, une
» absurdité de plus ne grossira guère notre bagage.

» Déclarons :

» Le prince et la princesse de Monaco n'ont jamais été
» mariés

» Néanmoins, leur enfant est légitime, ayant été fait par
» l'opération du Saint-Esprit.

» Fait à Rome, le........... 1880. »

(Suivent les Signatures).

MAX HUBERT.

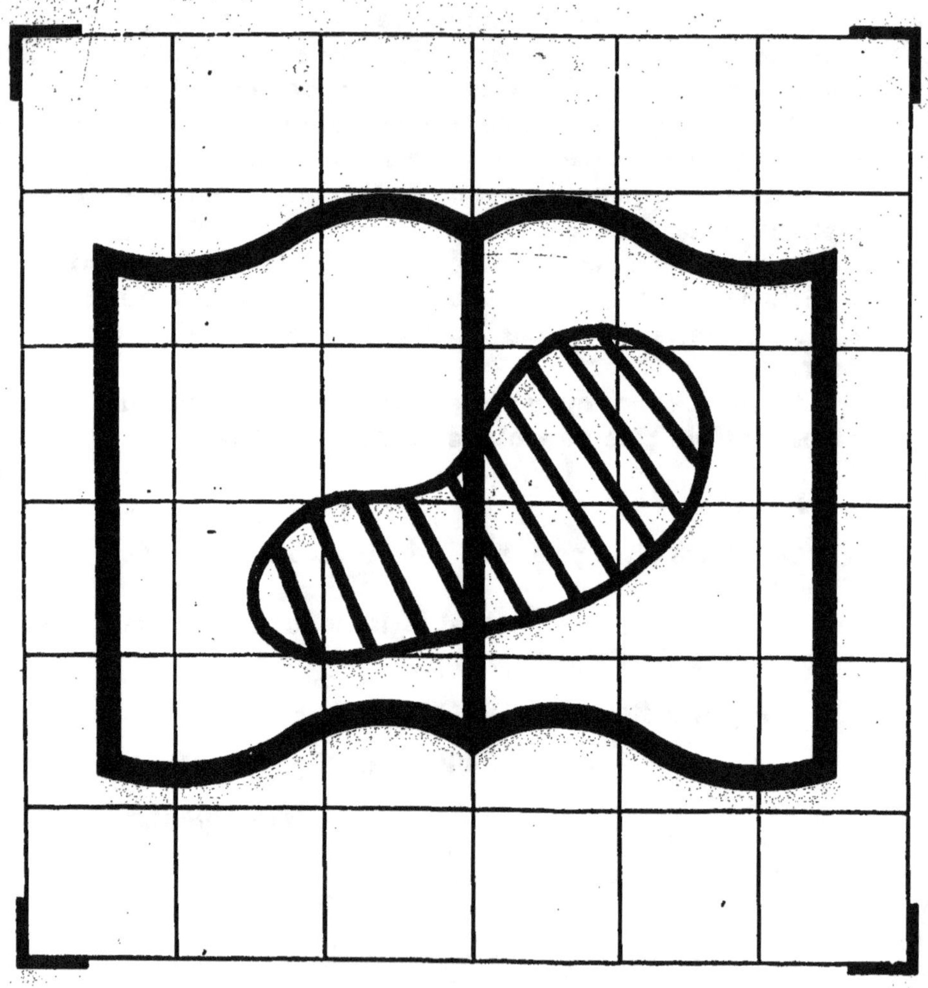

BIBLIOTHÈQUE ANTI-CLÉRICALE

FASCICULES

DÉJA PARUS

(chaque fascicule coûte 60 cent., et par la poste, 70 centimes)

FASCICULES RÉGULIERS

I. — A bas la Calotte!

Un ze[...] [...] haine (préface). — Les voleurs de cadavres. — Sur la m[...] [...] Dupanloup. — Une neuvaine, s. v. p. !... — Fallait pas qu'y [...] Ne me parlez plus de saint Eustache. — Nouvelle série de [...] abrutissants. — Mais châtrez-les donc !... — Où sont les t[...] Pourquoi saint Joseph se laissa manger la tête par un rat. — [...] Louis Veuillot, rédacteur en chef de l'*Univers*. — Une cuite de [...] Zut au phylloxéra ! — Encore le Sacré-Cœur. — Eventrou[...] [...]mes ! — A vingt sous la place en paradis. — Problème à résou[dre] [...] pas son pot de chambre ! — La procession obligatoi[re] [...] bête, Léon !

II — La Chasse aux Corbeaux

Les re[...] martyre. — Évangile des processions. — Le paroissien raisonne[...] archevêque en faillite. — Une pincée de miracles (pour n'e[...] [de l'habitude). — Monsieur Dieu embêté par Veuillot. — La m[...] péche ! — Silence aux Germiny ! — Comment mon cousin [...] se vengea des cloches. — Une lettre d'outre-tombe. — Les [...] religieuse. — Les étonnements de Jésus. — La liberté p[...] tises ! — La nièce du vicaire. — Onze hectares de paradis [...] la science et la religion. — Lettre de Madame de Four[...] [...]lame de Lourdes. — Une position agréable. — Rengaine[...] [...] — Souvenir de prison.

III. — C[...] ous qui fouettons ces vieux polissons

A nett[...] [...]achons-les. — Laissez venir à moi les petits enfants. — Œuvr[...] [...]ps de poings apostoliques ou le Gymnase des frères frappeu[...] [...]n en tuant un ! — *La vérité sur les farces de la* Salett[e] [...] [...]ails les plus complets sur cette ignoble supercherie

religieuse). — *Poisons catholiques et incestes pontificaux* (Vie du
pape Alexandre VI Borgia : les impuretés de la cour de Rome; un
pape fils incestueux d'un autre pape; jeunesse scandaleuse de Borgia;
ses débauches avec une dame espagnole et ses deux filles; Borgia,
nommé cardinal, continue ses relations avec la plus jeune des filles de
sa maitresse; il en a cinq enfants; il débauche lui même Lucrèce
Borgia sa fille, et deux de ses propres fils; son hypocrisie; empoison-
nement de deux papes; Borgia achète les suffrages des cardinaux et
est proclamé souverain pontife; histoire de la chaise percée; assassi-
nats successifs, par le poignard ou le poison, de tous les petits princes
italiens; fêtes catholiques mêlées d'orgies abominables; Borgia
annonce une croisade contre les Turcs, prend l'argent des fidèles et fait
alliance avec le sultan; horribles incestes entre le saint-père, sa fille
Lucrèce et ses deux fils François et César; Borgia marie sa fille et
assiste au coucher des jeunes époux; il prend une nouvelle maitresse,
dont le frère, un faussaire, est fait cardinal pour prix de sa complaisance; Lucrèce préside, en costume de fille publique, le conseil des
cardinaux; autres divertissements impudiques de madame Lucrèce; le
sultan Bajazet offre à Sa Sainteté une somme énorme pour qu'il empoi-
sonne le prince Zizim; Charles VIII, roi de France, fait jurer au pape
de lui remettre vivant ce jeune prince; Zizim est remis à Charles VIII,
mais au bout de quelques jours, meurt du poison que lui avait fait
prendre le pape; César Borgia, cardinal, commet d'innombrables
meurtres, parmi lesquels celui de son frère François dont il est jaloux
par rapport à leur sœur Lucrèce; amour du pape pour son fils César;
il lui accorde l'autorisation de quitter la soutane; effroyables mas-
sacres commis par César; le pape fait empoisonner l'archevêque Flo-
rida; il fait brûler vif Savonarole; César Borgia envoie à son Très-
Saint-Père trois beaux enfants pour lui servir de mignons; le pape
annule le mariage de Lucrèce et lui fait épouser le duc de ....glia,
celui-ci est bientôt assassiné; voyage scandaleux de la famille ponti-
ficale; le pape dote les bâtards, fruits de ses incestes avec sa fille;
troisième mariage de Lucrèce; orgies qui eurent lieu à cette occasion,
le Vatican rempli de filles publiques; Sa Sainteté autorise par une
bulle le cardinal Mendozze à sodomiser son propre fils; Alexandre et
César Borgia forment le projet d'empoisonner plusieurs cardinaux pour
s'emparer de leurs biens; ils sont pris à leur piège et s'empoisonnent
eux-mêmes; les divers poisons employés par le pape et ses enfants;
mort de l'infâme Alexandre VI; comme quoi les cléricaux n'ont jamais
renié les Borgia. — *Le miracle de saint Pancrace*, comédie de mœurs
ordre-moraliennes et cléricoliques. — *Le phylloxera clérical* (statistique
des congrégations non autorisées). — *Quelques papes au hasard de la
fourchette*.

IV. — Les Jocrisses de Sacristie

Dans ce fascicule, indépendamment de quelques articles des plus
amusants, indépendamment d'une intéressante *Lettre de Garibaldi à
Léo Taxil*, on trouve la statistique exacte des condamnations encourues
par les calotins en 1879, statistique dressée en tableaux semblables à
ceux des extraits d'arrêts de cours d'assises, sous ce titre : LE CASIER
JUDICIAIRE DE LA CLÉRICANAILLE, et, enfin, une parodie désopi-
lante (à mourir de rire), des journaux de la catégorie ultramontaine.
Le BOURRE-JÉSUS, moniteur officiel des syllabusons et des vaticanards, contenant une série d'articles comiques au possible : — 1° Ca-
lendrier grotesque. — 2° Evangile, suivi de réflexions — 3° Des
jésuites empalés. — 4° Ouvrons l'œil sur les révolutionnaires. — 5° Pé-
lerinage au nez de Louis Veuillot. — 6° Congrès annuel des cléri-

galeux. — 7° Méditations sur l'Apocalypse. — 8° Bouillon économique. — 9° A la recherche des signatures contre les lois Ferry. — 10° Apparition miraculeuse de N.-D. du Troussignon. — 11° Œuvre des vieux papiers. — 12° L'Inquisition sera rétablie. — 13° Modulation pieuse. — 14° Conférence du comte de G***. — 15° Chronique.

Notez que le *Bouffe-Jésus* et le *Casier judiciaire de la Cléricanaille* ne forment que deux parties séparées de ce quatrième fascicule.

Cette brochure contient encore : Tartuffe s'engraisse. — Ces bons Pères Jésuites. — Modestie cléricale. — Victime du Saint-Esprit. — La liberté selon Guibert. — Veuillot n'a plus la grêle. — Vouons-nous à l'épaule gauche.

FASCICULES EXCEPTIONNELS

(Déjà parus)

Almanach anti-clérical pour 1880

Calendriers républicain et grégorien comparés. — La vermine noire s'agite. — Le déluge. — Le courrier du Paradis. — Une église veinarde. — Le lapin récalcitrant. — Poléon IV au tribunal de Dieu. — Le curé Maret. — Si jeune et déjà franc-maçon !... — La Sainte-Larme. — Esprit-Saint descends sur Veuillot. — La légende de Notre-Dame des Commodités. — Le vieux mangeur de saniclason. — Les rois de France en quatrains. — Vive saint Grelucton ! — Le pauvre Martin. — Une belle trouvaille, ou la grande découverte du bâton de saint Joseph. — Pauvre Jésus ! — Assurances sur la vie.

Les Soutanes grotesques

L'abbé Cul-de-Singe, cotte fantaisiste. — Bas les masques ! réponse aux calomniateurs de Voltaire. — Les neuf plaies d'Egypte, légende républicaine. — La journée de Léon XIII, scène bouffonne et vaticanarde. — Connaissez-vous saint Bernardin ! — La sacrée dèche d'un Cœur sacré. — Mon premier cigare. — Du frère Bajule au père Crébacien, plaintes lamentables d'un ignoramus. — Un prophète pas veinard. — Eau de Fourvières, grande concurrence à N.-D. de Lourdes, miracles abracadabrants. — La rotule de saint Truphème, histoire cocasse d'une relique miraculeuse. — Ce qu'on leur fait croire.

Pour recevoir, franco par la poste, n'importe laquelle des six brochures ci-dessus énumérées, il suffit de nous envoyer soixante-dix centimes en timbres ou mandat.